金原博の「金言」対談

石川県議五十年

はじめに

平成16年2月16日、私は自らの半生を振り返る「選挙事務長三十年」を刊行しました。

ちょうど74歳の誕生日でした。年齢から考えても、あと、そう長くは議員を続けられないだろうと思い、それまでも自分の選挙だけでなく国会議員、知事、金沢市長といった数々の選挙で責任者を務めてきましたので、その記録を書き残しておきたいというのが出版の動機でした。

あれから15年以上の歳月が流れました。不思議なもので案外元気で、その後もいくつかの大型選挙の責任者を務めました。89歳まで現役の県議会議員を続け、最後は日本一高齢の県議となったようです。あと1期ぐらいできそうな気もしましたが、選挙に出ることを反対し続けた連れ添いが鬼籍に入ると、逆に張り合いがなくなり、引退を決めました。いまは、後継者として娘婿が県議会議員として一歩を踏み出しています。

52年の議員生活のうち、半分は自民党にいて、県議会議長も県連幹事長もさせていただきました。後半は自民党から離れて新進石川を旗揚げし、県政石川、未来石川と渡り歩きましたが、おかげで自民党から共産党までたくさんの知人、友人を得ることができ、私の政治家人生における一番の財産になりました。

今年2月16日、満90歳を迎えました。

県議会で最後に質問する機会を頂いた際、本会議場でこの本を出すことを宣言しました。自分で言うのはおこがましいですが、方言まじりの私の演説や挨拶は現役時代、「金原節」と言われ、聴衆を沸かせたものです。その「金原節」を生かした会話文の方が、書き言葉より読みやすいのではないかと思い、この本では、谷本正憲知事、福村章県議会議長（対談当時）、前金沢市長の山出保県中小企業団体中央会会長との対談企画を中心に据えました。

そのほかにも、ご縁のあった友人、知人にご寄稿を頂戴し、ライフワークだった区画整理事業をテーマにした座談会に参加していただきました。ご協力いただいた皆様のおかげで、90年の人生の集大成となる一冊ができました。ありがとう。感謝します。

本書が、これからの石川県政を担う若い政治家たちにとってわずかでも参考になれば幸いです。

令和2年6月末
金原　博

目次

ホンネ対談

特別座談会

選挙幹部・座談会

寄稿　わたしと金原さん

対　談

■ 谷本 正憲 氏
■ 福村 章 氏
■ 山出 保 氏
■ 宇野 邦夫 氏

対談

石川県知事
谷本正憲氏 × 金原博氏

※2019年10月30日
石川県庁知事室にて

谷本正憲知事とは、谷本知事の初陣となった1994（平成6）年3月の知事選で選挙事務長を務めた経緯から、「金原さんは谷本県政生みの親」と呼ばれる深い関係にあります。2019（令和元）年10月30日、県庁知事室を訪れ、谷本知事と、知事選の思い出から、駅西地区の振興、金沢港の発展まで幅広い話題について語り合いました。

元県議のバッジ、引退時は最高齢

金原●知事室に入るのは久しぶりや。

谷本●お久しぶりですね。

金原●久しぶりの知事室やと思って、バッジを付けてきたんや。

谷本●何のバッジですか？

金原●元議員のバッジや。議会事務局から、もらったものや。

谷本●へえ、ＯＢ用のバッジがあるんですね。あまり見たことがないなあ。

金原●これを付けとると、子どもに

駅西振興などについて谷本知事（左）と語り合う＝2019年10月30日、石川県庁知事室

なったみたいやわい（笑）

谷本●ＯＢ用のバッジは富山県にはないようです。まあ、それだけ石川県の元県会議員のレベルが高いということでしょうね。

金原●そうかい？　そうしとっか（笑）

谷本●先日、ある会合で金原さんの話になりまして。徳島県の県会議長が、僕を見て「知事さん、まだ若いですね」と言うんです。それで「議長さんは何年生まれですか？」と聞いたら、昭和18年だって。それなら、そんなに僕と変わらん。同世代やがな、となりました。そこで「わが石川県には金原さんという県会議員がいて、この春に引退したんです」と言うと、栃木県の知事が「おたくのその議員がお辞めになったんで、うちの市会議員が全国で最年長になったんです」と話していましたよ。

金原●そんなら、わしはかなり上やったんやね。

谷本●かなりというか、最高齢ですよ（笑）

谷本氏の応援で来県し、聴衆に応える細川首相＝1994年3月26日、金沢市香林坊

香林坊にかつてない人だかり

―谷本知事の初陣となった1994（平成6）年3月の知事選では、金原氏が谷本陣営の選挙事務長を務め、自民が担いだ元参院議員を僅差で破った。

金原●あの光景は忘れんわ。平成6年3月26日、当時の細川護熙《もりひろ》総理が香林坊に来た時のことや。52年も議員をして、30回ほど選挙をしたけど、香

細川首相が駆け付けた街頭演説には大勢の県民が集まった＝1994年3月26日、金沢市香林坊

林坊にあんなにたくさんの人が集まったのは初めてやったぞ。

谷本●僕はすべてが初めての経験でしたから、もう何が何だか（笑）。でも、選挙カーの上で横におられた奥田敬和（元運輸相）さんが「谷本くん、僕も国会議員になって20何年か選挙をやってきたけど、香林坊にこれだけ人が集まったのは初めてや」とおっしゃっていました。

金原●あんなもん、後にも先にもないわいね。

谷本●本当に、あの奥田先生もびっくりしておられた。僕は、それが分

からんから「はあ、そうですか」と聞いていたんですけど。僕もその後いろいろ選挙を見てますけど、動員もかけずにあんなに集まったというのはなかったね。細川総理をお呼びしたというのはやっぱり正解でした。

金原●奥田は、総理を呼ぶことに賛成じゃなくてね。安田隆明（元科学技術庁長官）さんが「この選挙は危ない。総理に来てもらわなきゃだめです」と言ったら、奥田がカーッと来て「何を言っとるんだ。そんなもん、来んでも勝てるんだ」と、けんかになって。わしは真ん中におったさけケンカを止めたんや。最後は、当時の細川連立政権で「オレは連立村の村長だ」と言っていた小沢辰男（元厚相）さんに頼み込んで総理に来てもらったんや。

谷本●細川総理は午前中、招待した韓国の金泳三大統領との首脳会談をやって、お見送りしたその足で石川県に入ってこられました。香林坊のほか、2か所ぐらい個人演説会にも出ていただいた。

自らの初陣を振り返る谷本知事

金原●個人演説会も、ものすごい人やった。今でも覚えとる。これが1週間ずれていたら大変なことになったかもしれん。

谷本●選挙の告示がもう1週間ずれていたら、細川内閣総辞職ですからね。

金原●そうなったら、負けとったかもしれん（笑）

谷本●1週間してね、細川内閣が総辞職して、僕に記者会見をしてくれと言われた記憶がある。「見解を」なんて言われても、僕はまだ右も左も分からんのに。
金原●本当にあれは運が良かった。あの開票の時のこともよく覚えとるわ。３万票弱ほどずっと負けてたんや。
谷本●ずっと負けてましたよ。２万５千という差がなかなか縮まらない。うちの女房が「あんた、これ負けたんじゃないの」って。開票率80％ぐらいやったかな。「こりゃ、負けたかもしらん」「どうする？」って会話を交わした覚えがありますよ。
金原●森本開票区の機

元県議のバッジを付けて知事室を訪ねる

械が壊れたんやったな。票の計算機が故障して。ずっと2万5千の差や。

谷本●当時は、金沢の票が最後に残るという特徴を知らんから。相手陣営はもう万歳三唱しはじめとった。ところが、80%を過ぎたら、2万5千が2万、1万5千、1万と、どんどん差が詰まっていく。

金原●最後の最後で、逆転や。ほっとしたわ。途中、まずいと思って、足がガクガクして声が出んがになってな。「出てくれれば絶対勝つから」と言うて出したんやから、どうしても勝たさんなんと思とった。

谷本●そうでした。僕は、票は僕の1票しかなかった。うちの女房も、住所を千葉県の流山から移せなかった。だから、本当に僕の1票しかない。金ももちろんない。それでも、宇野（邦夫）さんだったかが「そんなもん、全然心配いらん。金原が全部用意するから。あなたはみこしに乗ってくれさえすればいい。必ず向こう岸に着けると。票も金もすべて用意するから」ということでした。

金原●そうや。わしも「違う」とも言われんし、「そうやな」と言うしかない。だから、落ちたら大変やと。今思えば、よう言うたな。なんの根拠もない詐欺師みたいなことを（笑）。まあ、そう言わないと出てもらえんから。だから、開票の時は参ったわ。声が出んがになったわ。

能登から金沢へ電話攻勢

谷本●後から聞いたんですが、あのとき、ものすごい量の電話が能登から金沢にかかっていたそうですよ。能登の人が、能登から金沢に出た親戚に一斉に電話したそうです。

金原●能登は相手候補がきつ（強）かったからなあ。確か能登で3万何千票か負けたはずや。でも、金沢では相手に4万票の差をつけた。加賀はとんとん。金沢のおかげで何とか勝てた。思えば大変な選挙やったわ。

金沢港を変えた「一本の電話」

金原●あの知事選も石川県の転機やったけど、金沢港にコマツが進出したというのも石川県にとって大きな転機やったわな。

谷本●２００５（平成17）年７月に、コマツの坂根（正弘・当時社長）さんから電話が掛かってきました。コマツはこれから工場をつくる。市場の多くは海外なので、港の近くにつくりたい。全国の港を調べ、適地を探したところ、茨城県の常陸那珂《ひたちなか》港につくることになった。ついては、小松工場を常陸那珂に移すというのが社内の一致した意見だ、ということでした。

金原●それは大変なことや。

谷本●僕は石川県にも金沢港があるじゃないですかと言ったんですが、坂根さんに「知事、あれはコマツでは港とは言わない。水深が10メートルしかなく、1万トン前後の船しか入れない。やっぱり4万ト

金沢港近くに立地したコマツ金沢工場

ンクラスの船が入るようでないとダメだ。金沢港は港じゃない」と言われました。「発祥の地である石川県を見捨てるというわけではない。しかし、工場をつくっても港と遠く、港から輸出できないのでは意味がない。黙って石川県から出ていくわけにいかないから、知事に電話をしているんだ」と。

金原●それは困ったことやなあ。

谷本●僕は言いましたよ。「じゃあ、どうすれば石川県に残ってもらえるんですか」と。坂根さんが言うには、まずは、10ヘクタールの用地が必要だと。もう一つは、水深13メートル、4万トンの貨物船が入るような港が必要だと。この二つの条件を満たしていただければ、コマツは金沢港に工場をつくる。石川県に残る選択肢はあると。ただし、1週間以内に結論を出してほしい、1週間後に常務を差し向けるから、ということでした。知事をやっていて一番か二番に危機感を持った時ですよ。

金原●それでも短期間で、その二つの条件をクリアしたわけや。たいしたもんや。

谷本●そうこうするうちに、8月に森（喜朗元首相）先生から県庁に電話が掛かってきました。お盆の真っ最中に。コマツが出ていく話を聞いてるか、ということでしたので、「坂根さんから電話がありました」と答えたんです。あれは僕の思いを確認する電話だったんだと思う。「私も同じ思いですよ。コマツに出ていかれたら地場企業もついていってしまい、地域経済が大変なことになる。こちらも、しっかりやりますよ」と話したら「そうか」と。森先生も相当動かれたんじゃないかと思いますよ。

金原●森さんにとっては地元のことやから危機感を持ってたんやろうなあ。

谷本●そこで、こちらは、まずは10ヘクタールの用地を探した。たまたま金沢港近くの大浜に浚渫《しゅんせつ》土砂の埋め立て地があった。土砂を取り除けば土地が確保できる。取り除くと言ったって、その土砂を廃棄すると大変だから、金沢能登連絡道路の直線化、白尾までの、あの道路をつくろうとなった。白尾までの直線化は当時、県議会も言っておられた。その基礎にあの土を使おうと。

国交省には安いコストで道路ができます、と提案したわけです。土砂代はタダだから、国交省からすれば理想的な道路なんです。土砂を除けば、もうそこに工場ができる。そして、土砂は安い道路づくりに使う。当時の国交省の港湾局長も非常に前向きでした。当時、港湾にできる施設は石油コンビナートか発電所しかなかった。ものづくり企業が進出するなんて初めてのケースでした。だから港湾局長は、これで港はよみがえる、港の役割が再評価されるって。恐らく、森先生からは財務省にプッシュがあったと思いますよ。

金原●確かに、石川県にとって、でかい出来事やったわ。コマツの話がなかったら、金沢港は今でも元のままやったかもしれんなあ。

谷本●危うく、コマツだけでなく、地元の企業も茨城県に持っていかれるところでしたよ。そうなれば、石川県のものづくりの地盤沈下、産業空洞化は免れなかったかもしれません。

ターミナルビルで夜もにぎわいを

金原●この前、金沢港の周辺を回ってきたけど、ターミナルビルも完成するし、これまでと比べて随分明るくなるもんやねえ。

谷本●金沢港にはこの10年で500億円をかけました。物流とクルーズの両面で、金沢港をにぎわいの拠点にしようという計画ですから、夜が真っ暗じゃ話になりませんよね。ライトアップされた金沢港を見られるとなると、夜でもにぎわいが出てくるんじゃないですかね。
金原●わしの議会最後の質問で言うたけど、駅と港を結ぶ50メートル道路がそのうちシャンゼリゼ通りみたいになるかい？
谷本●シャンゼリゼ通りまでいくかは分かりませんけど（笑）。50メートル道路からクルーズ船がすっきり見えるようになる。電線類も地中化します。何をどうすれば人が集まってくるのか。いろんな工夫を確かめながらやっていきたい。港周辺のにぎわい創出はしばらく試行錯誤しながらになるでしょうね。
金原●もともとは三八豪雪の後にできた港や。あれだけすごい雪が降ったおかげで、今があるということや。
谷本●そうですねえ。三八豪雪は大きな災害でしたけど、ある意味では、石川県に恩恵をもたらしたのかもしれませんね。
金原●三八豪雪の時、わしは33、34歳やった。あの時、交通事故に遭って、足をひかれたんや。それで、田んぼができんがになって、議員に出たんや。大徳公民館の主事をしとって、こんなことになるとは夢にも思ってなかった。

いまの駅西は区画整理のおかげ

谷本●そうなんですか。三八豪雪の影響はやはり大きいですね。金原さんなくして、いまの駅西はないようなものですから。50メートル道路を中心に、いろんなインフラを整備してきたことがいまの駅西につながる基礎になりましたが、それらは区画整理事業を通じて進んできました。駅西の区画整理は、金原さん抜きに語れません。

金原●ありがとう。わしは日本一、区画整理をやった議員やからね。

谷本●区画整理事業を通じて、50メートル道路沿いにビルが立ち並び、業務機能が集積して、まさに金沢駅を中心にして駅東と駅西というぐらい駅西が大きな役割を担うようになった。こういう積み重ねがあり、アクセスが非常によくなったからこそ金沢港にも光が当たるように

50メートル道路に沿ってビルが集積する金沢駅西地区

なった。だから、金原さんの区画整理にかける思いが、駅西の今日の発展につながっているわけですよ。いや、もっと大きく言えば、金沢が北陸の中核都市として発展する礎ができたのも、金原さんの区画整理への強い思いがあったからこそですよ。駅東だけでは、金沢は北陸の中核都市になれなかったと思います。区画整理を通じた駅西の「副都心づくり」が金沢を大きく飛躍

させたわけです。

金原●一番先に手を付けたのは、徳田與吉郎《よきちろう》金沢市長やった。駅西の200ヘクタールを区画整理し、60万都市を目指す構想を出した。それから、わしが市会議員に当選してアメリカに視察に行った時、アメリカの農業を見て「日本の農業はこのままじゃダメやぞ」と思った。その頃、ちょうど新都市計画法という農地と宅地を分離する法律が出てきた。選挙にあまりに金がかかるさかい、その法律を生かして、自分が持っていた農地をどうにかしようと思ったんや。

谷本●金原さんの動機は我々には分かりませんが（笑）、区画整理事業が進められたことが駅西の発展に大きく貢献したことは間違いない。その究極のインフラが、50メートル道路であり、海側環状道路であり、金沢港ということで、今、それが結実してきているということでしょう。金沢港は、貨物とクルーズの拠点として日本海側を代表する港になった。昔の駅西は、駅裏と呼ばれるぐらい存在感のない地域だったのに。

幻となった「21階」の県庁舎

金原●そうそう、駅裏やったね。キツネとかタヌキがおったもんや。区画整理は、県と市にも随分と協力してもらった。市は駅西の200ヘクタールをやって、県施行は畝田の40ヘクタールを含めて150ヘクタールあった。あと450ヘクタールは民間でやったんや。

谷本●県庁も移転させてもらいましたから。

金原●県庁もいろいろあったなあ。もともと21世紀を見越して21階だということだったのに。削られて。

谷本●そうそう。2階分ですな。

金原●19階になって、19世紀になってしもた（笑）

谷本●だから、各フロアを広くしたんです。面積を確保せんなんから。

金原●そんなところが頭いいわな。食堂のところを広くしたり。

谷本●そうそう。あそこにもう一階建てられるようにしてあるんです。

19階建ての石川県庁舎(写真中央)。左は県警庁舎、右は県議会庁舎

金原●移転を延期したらどうやという話もあった。あの時、池田健（元社会党県本部委員長）が「延期したら、知事ずっとやれるぞ」と言うとった。

谷本●確かに言われました。県庁移転を凍結したら、次も当選間違いなしや、と。

金原●そんなもん絶対ダメやと、わしは言うとった。

谷本●もう設計まで入っちゃってるから、今さら止められませんよと。前の県庁は老朽化して、狭隘《きょうあい》化もしているので仕事ができませ

んと。これはもう予定通り進めさせてください、凍結なんかできませんということでお断わりしました。

金原●凍結したら知事選間違いなしなんて、議員はそんなことを言うんやね。県立音楽堂も議会で駆け引きがあったね。いまの議長（福村章氏）が、音楽堂は本多の森につくるべきやと言うとったわい。あそこに持っていったら、道路が一本しかないから大変なことになっとった。

谷本●駅の近くで正解でしたね。兼六園のそばとかいろんな議論があったけど、駅の近くじゃないと最後までコンサートをじっくり聴けないことがあるから。駅までの時間が読めないから、落ち着かない。県庁のある鞍月でも遠い。駅のそばだからこそ演奏を聴いてすぐ新幹線に飛び乗れる。駅まで5分で行ける。それが大事です。

金原●でも、あの時は、駅の近くやと、新幹線ができたら騒音と振動が影響して音がダメになるという理屈で、反対がすごかった。

谷本●そうでしたね。でも、考えてみれば、北陸新幹線に、金沢を通過する列車がありますか。金沢を通過する、そんな新幹線はありません。仮に富山を通過しても金沢には止まりますよ。すべての新幹線は金沢で止まる。そんないきなり２６０キロが出るわけじゃないんだから。急に２６０キロから停車するわけじゃないんだから。騒音とか振動とか、少なくとも金沢駅周辺ではありえないんです。

金原●そりゃそうや。金沢駅の周辺では、新幹線は静かなもんやわな。今、考えてみれば。

「天守閣復元せず」にロマンあり

金原●金沢城の復元も、谷本知事の大きな功績や。先日、あらためて金沢城を見に行ってきたけど、よう平成のうちにあれだけ復元したもんや。残念ながら、天守閣はないけどな。天守閣は写真がないのが致命傷ということやけど、二の丸御殿は図面が残っとったから復元できるわけやな。まずは玄関口から、やったわな。

谷本●二の丸御殿については資料が整ってきました。二の丸御殿は、「表向《おもてむき》」と「御居間廻り《おいままわり》」と「奥向《おくむき》」の三つに分かれます。御居間廻りと奥向は藩主や奥方のプライベートな部分でもあり、時代によっていろいろ改変しているので、特定が難しい。一方、表向は公式の場ですので、あまりいじっていません。これまで出てきた資料をもとにすれば、表向を復元することは可能であるという一応のお墨付きを調査検討委員会でいただいています。

金原●まず復元するのは、表向ということやね。わしの議会最後の質問でも、そういう答弁をもらったわい。でも、最終的には、二の丸御殿全体を復元せんといかんと思うけど。

谷本●我々は復元を前提とした調査をしています。まあ、天守閣は恐らく無理でしょう。写真がないし、江戸時代の前半に焼失した後は前田家が復元していないから。だけど、なぜ天守閣を復元しなかったの

復元整備が進む金沢城公園

か。そのストーリーには、外様大名、前田家ならではのロマンがある。加賀百万石を守るために、あえて天守閣を復元しないという選択をした。単に金がないから造らなかったんじゃない。徳川幕府の目を気にして、お取りつぶしにならないよう、あえて天守閣を造らなかった、という説がある。これを聞くと、なるほどなあ、天守閣がないのは前田家の生き残り戦略か、そういう深謀遠慮があったのかと。そして、その天守閣に代わる物が、二の丸御殿というね。そ

ういうストーリーになるわけです。

金原●二の丸御殿の写真は残っとるがか。

谷本●残っとる。表向は。だから、まずは表向から取り掛かっていくということで。全体となると三千坪ですからね。

金原●竹の間かな？

谷本●あの辺は1808（文化5）年の火災後に建て替えられて以降、ほとんどいじっていません。いろんなデータ資料が残っている。写真はないですけど。かなり復元は可能なんじゃないですかね。資料はまだまだ集めていきますが。最後は文化庁を説得しないといけませんから。

国民文化祭は前回と趣向を変えて

金原●それともう一つ、知事には、国民文化祭をやってもらわないといかん。前に石川県でやった時は1992（平成4）年やったかな。

谷本●そうです。平成4年、中西知事の時代で、僕は副知事でした。
金原●次のものは令和何年になるがけ？
谷本●2023（令和5）年ですね。北陸新幹線が石川県全体で開業する年です。石川県にとっては節目の年だし、何か国民的行事があったらいいね、と言ったら、ちょうどその年はだれも手を挙げていなかった。それなら手を挙げてみようかと思いまして。
金原●天皇陛下が来られるんや。
谷本●そうです。これはね、平成4年には当時の皇太子殿下が来られた。結婚される前の年でした。今の天皇陛下が。だから、もともとは皇太子殿下の行事だったんですね。それが、即位と同時に、これまで天皇陛下の3大行幸啓といわれた国体と植樹祭と海づくり大会、これに国民文化祭も加えて、天皇陛下の4大行幸啓となるようですよ。日本にとって文化の振興は非常に大切であり、これからは天皇陛下が担われるということで、令和5年の大会には天皇陛下がお越しになられ

国民文化祭で石川の工芸品を鑑賞される皇太子さま（現天皇陛下）＝１９９２年10月、北國新聞会館

るかもしれません。

金原●なるほど、皇太子時代に続いて、天皇陛下としても国民文化祭で石川県に来ていただけるということや。知事も、知事としてそれに出るのなら、もう1回選挙せななららんね。

谷本●それは、誰が知事であろうと、令和5年というのは石川県にとって一つの節目の年になるのは間違いないですから。

金原●そりゃそうや。50万人が来る大きな催しやしねえ。

谷本●たくさんの方に参加しても

らうとともに、平成4年当時とは趣向も少し変えないかんと思う。新幹線が開業して首都圏からもたくさん来ていただけるだろうから、地場の文化が残っていてよかったねえ、ということだけでなく、国内外にも発信していけるような、そんな形にしつらえていったらいいんじゃないかと思っています。

選挙に真面目、手を抜かない

谷本●政治家・金原博さんを見ていて感心するのは、選挙に真面目に取り組む姿勢です。当選12回ですので、10回目ぐらいの選挙かな。テレビを見てたら、たすきを掛けて金原さんが辻立ちしておられる。金原さんのような重鎮、ベテランでもあそこまでやるのかと思って驚きました。

金原●知事にも、知事選の時に、選挙カーに乗ってマイクを握ったらどうやと言うて、やってもろたなあ。

谷本●そうですよ。選挙カーに上って辻立ちやれって言われて。全国の知事は誰もそんなことをしてませんよと言ったら、いや、やればいいんだと。「事前運動」に当たらないかと確認しましたが、国会議員が国政報告するのと同じで、県政報告なら問題ないと。そこをきちっと分けてもらえれば結構ですということでした。

金原●やれと言ったなあ、そういえば。そういう作戦やったんや。

谷本●車の上でマイクを持ってやれと。そしたら、テレビ局が取材に来るから、それだけで十分な効果があると。しゃべる中身なんか誰も関心ないとかおっしゃって（笑）

金原●2007年の参院選で、当時民主党代表だった小沢（一郎）が石川県に来た時に学んだことや。小松で演説してくれと言ったら「ダメだ」と言われ、能登の柳田村まで行ったんや。田んぼをバックに、ビールケースを演説台にして。なんで、そんなところに行かんなんがやと何べん言っても、ダメやと。小松の支持者らがおるところでやってほしいと言ったけど。ビールケースに乗って後ろは田んぼや。結局、そこで街頭演説した。小松の方が人を集めやすいと言うたけど、「そんなことじゃないんだ。マスコミがどーんと書いてくれる。写真を撮って、映像を流してくれるから」って。それを聞いて、次の知事選で、知事にも街頭演説をしてもらったんや。

谷本●私なんか生まれて初めて、知事という立場で選挙カーの上に乗って、香林坊と武蔵が辻で県政報告をやりましたよ。僕の5期目、平成22年の選挙で。現職の知事でだれも街頭演説なんかやってませんよと言っても「前例をつくればいい」と言われて。相手もやっとるんやからやればいい、と金原さんが言うんですよ。金原さんは選挙に手抜きをしない。何回も当選を重ねても、よいと思ったらすぐに取り入れる。辻立ちも平気でやる。9回目、10回目の選挙になれば、普通はプライドが邪魔して、なかなかやれませんよ。

金原●わしはやるよ。それが大事やと思えば。

芸妓支援を議会で取り上げ

谷本●芸妓さんに関する質問なんて県議会で初めてですよ。今までみんな、芸妓さんの話題は議会になじまないと思っていたんでしょう。それを芸妓を伝統文化ととらえて県議会で質問するなんて、金原さんだけですよ。それができるのは。

金原●わしは昔、小唄を習っとったことがある。3年ほどやっとった。能楽堂で2回ほど発表会に出た。音楽堂でも2回ほど大会に出た。でも、一回、音程が狂ったら戻らんがや。こんなダラなもんやっとられんと思った。ほやけど、その時に芸妓さんらが経済的に苦しいということを聞いとったから質問しようと思ったんや。

谷本●芸妓文化というのは、もともとは、昔の旦那衆というお金を持っている方たちがスポンサーとしてバックアップする形で成り立っているものでした。あまり行政とか議会が関わらないものだったけど、今

金沢おどりで総踊り「金沢風雅」を舞う三茶屋街の芸妓衆＝2018年9月、県立音楽堂邦楽ホール

は状況が変わった。芸妓さんのこういう文化を持ち合わせているのは全国でも珍しい。東京、京都を除いては金沢にしかないとなったら、立派な伝統文化になる。伝統文化としてどうこれを維持し、どう発信していくかという視点が大事になってくる。行政としてどう関わっていくべきかというタイミングで、金原さんがちょうど質問をされたわけですよ。

金原●行政に言われて質問したわけじゃないけどね。

谷本●もちろんそうです。だけど、芸妓さんに関する質問は、普通の県会議員じゃなかなかできないし、今の若い議員は経験がほとんどないから、分からんわね。金原さんくらい年季の入っ

た人でないと、ああいう質問はできない。恐らく、後にも先にも芸妓さんのことをあれだけ根掘り葉掘り質問する人は出てこないんじゃないかなあ。

金原●そういえば、びっくりしたことがあった。京都の祇園に家内らと行った時のことや。有名な古いお茶屋さんやったけど、女将がどこから来たのかと聞くので、石川県、金沢やと言うと、「石川県って面白いところですね」と言うんや。なんやったいね、と聞くと、副知事やという人が来たと。それが、杉本（勇寿氏）やった。小唄の上手な。

谷本●杉本さん！　そう。

金原●女将が言うには、変な帽子をかぶって怖いなあと思っとったと。そのうち、芸妓さんが踊ったら、わしも一つやるわと言うので、何やと思ったら「五条の橋」をうたった。芸妓さんは踊れなんだと。それで、驚いて聞いたら、石川県の副知事やって。石川県て恐ろしいところやねえって女将さんも驚いとった。

谷本●古い時代の県庁職員の象徴のような人やったね。しっかり芸をたしなむこともしたというか。
金原●ほやから、小唄もうまい。わしとは小唄の仲間や。習っとった時に知事選（１９９０年）になった。わしは杉山（栄太郎元副知事）陣営の大将やった。そしたら、杉本から「お前とこうして親しくしとるけど、わしは中西をやるぞ。何も言ってくれるな」と。あの時はほんなんやった。
谷本●だけど、あの人も本庁の部長を経験せんと、副知事になったというのは前例がありませんからねえ。後にも先にもあの人だけじゃないですか。
金原●そりゃそうやろうなあ。
谷本●それくらい、やはり石川県はあの選挙によって激動したということでしょう。杉本さんからすれば一つの選択が結果として正しく、その決断のおかげでその後が全部よい方向に転がったということでしょうねえ。ただ、その時は決断が大変だったと思うけど。

金原●臨時職員から上がってきたんやから。麻雀してもうまいし、碁を打たせてもうまい。四段やったかなあ。

谷本●だから遊ぶことは何でもやった。今、あんなことをしとったら県庁職員としてどうかなというぐらい（笑）。あの頃は県庁職員ってあれぐらいやっていても普通の部類やったかもしれん。もう彼が最後やね。

金原●でも、本当にたいしたもんやった。山岸勇（元副知事）もすごかった。

谷本●山岸さんもなかなかいい男やった。早くに亡くなって。惜しいことをしました。

新幹線、遅れたから万端の準備

金原●やっぱり、新幹線の影響力はでかいなあ。ストロー現象も起きなんだ。新幹線が一周遅れて入ってきたので、ずっと前からしっかり準備してきたということもあるんやろう。富山は高架化が遅れたのが痛かったなあ。

谷本●確かに、富山は、駅の高架事業が少し遅れましたね。新幹線が来た後もまだやっていた。石川県は高架事業を先にやってしまっていたから、スムーズに新幹線を受け入れることができました。そういう準備を入念にやれたという意味では、新幹線の開業が少し遅れたのも案外よかったのかもしれませんね。

金原●小松空港と能登空港も利用者が増えたと新聞に書いてあった。まして、金沢港と金沢駅はすごい人や。知事もたいしたもんや。

谷本●やっぱり陸海空の交流基盤というのは、造らなければいかん時に造っておかないといけませんよ、多少無理をしてでも。そうすると、必ず役立つ時が来る。その時に、世の中に流されて造るのを止めると、後の祭りになりかねない。金沢港なんてまさにそうですよ。もし、あの港がなかったら、今から港を造るのは、さすがの国もそれはできない。

金原●せんやろうな。

谷本●そこまでの金はない。でも、港があるのなら、それを改修することは国はやってくれる。だから曲がりなりにも、たいしたことがない港でも、港があったということが50年経って役に立った。50年前に港をつくった先人は、誰もそんなことは予想しなかった。三八豪雪の後、急いでその対策をしただけです。その時はささやかな期待のもとでつくったんだけど、50年後これだけ大豹変するとはね。

大勢の人に出迎えられ、金沢駅に到着した北陸新幹線の東京発一番列車＝2015年3月14日午前8時46分、JR金沢駅

金原●あんなビルみたいなでかいクルーズ船が入ってくるとは夢にも思わんだね。昔は五郎島で大野川に木の橋が架かっとって、わしはそこに牛を置いたり、芋のつるを獲りに行ったり、魚釣ったりする、そんな港やった。あこらへんの田んぼはみんな湿地帯で、戸水から無量寺の連中は馬が入らん。わしらも馬を使っとったけど、入らんもんで、手で起こしとった、今の港のところは。

谷本●金沢港は、つくった当初は釣り堀なんて言われてね、無駄な事業といえば金沢港だなんて言われた時代もあった。三八豪雪の港というイメージだけで鳴かず飛ばずだったけど、時代が変わり、経済がグローバル化すると、つくった製品を海外に輸出するためには港のそばに立地する方が便利だという流れになった。金沢港の地の利が、その力を発揮したんやね。クルーズにしても、日本列島のちょうど真ん中やからね。金沢には観光資源がたくさんあるから、クルーズがどんどん来る。クルーズといえば、今まではカリブ海と地中海とアラスカが中心でしたけど、これからはアジアがクルーズの一大拠点になるらしいですよ。世界のクルーズ会社もそうやって関心を持っているところに、ちょうど北陸に新幹線が来たということですね。

金原●すごいタイミングや。

谷本●そうなんですよ。新幹線が来たことで、ちょうど増えてきたクルーズと組み合わせた旅行商品を組めるようになった。50年前に港をつくっておいてよかったということです。50年間ぼろくそに言われたけど、今はそんなことを言う人は誰一人いない。国交省ですら、金沢港は日本を代表する地方港湾、重要港湾ですと言っていますから。

金原●重要港湾と言えば、わしが市会議員になってすぐ田中角栄（元首相）が金沢に来て、みんなで金沢港を重要港湾にしてくれと頼んだ。そしたら「お前ら議員の気持ちは分かった。わしはお前らから言われんでも、日本のあちこちで港を造れと言うとる。全国で重機が遊んどるんや。だから、港は造らないかんのや。お前らがわざわざ言うに来んでもいい」と。がんこなことを言うやつやなあと思ったもんや。

谷本●そんなことがありましたか。今は金沢港が全国の地方港湾のモデルになっていることは間違いない。だって、ものづくり企業が立地している港だから。港の在り方がいま大きく変わりつつある。港の評価が変わってきたんですね。

金原●わしの最後の選挙での公約は、駅西の党派を超えた組織をつくって港を立派にする、駅西を発展させるということやった。それで組織をつくった。金沢駅西活性化懇話会というもんや。わしが相談役で、代表幹事が石坂（修一県議）と下沢（佳充県議）で、事務局長が増江（啓県議）ということでね。

谷本●金沢港運も移転します。今の古い建物は壊しますから。

金原●クルーズターミナルビルも見に行ったけど、立派やね。29億円かかったって。

谷本●ＣＩＱ（税関、出入国管理、検疫所）エリアだけでも産業展示館

2号館の8割ぐらいの広さになります。2000人乗りのクルーズ船が同時に入ってきても2時間で入港手続きができる広さにしました。2時間以上待たされるとお客さんから文句が出るんです。2時間が限界と言われました。

金原●来年（2020年）は金沢港50年か。昔、3千メートルの堤防で魚を釣るのを許可しろと言ったらダメやった。

谷本●今は、もう金沢港は魚釣りなんてそんなレベルじゃないんですよ（笑）。

金原氏とは

谷本●僕がこういう世界に身を置くようになったそもそものきっかけが金原さんということになります。政治家として大先輩ですし、日ごろの立ち居振る舞いを見ていると、選挙一つ取り上げても真面目に取り組んでおられる。手抜きを一切しない。この真面目さ、丁寧さというのが私はお手本だと思っています。

金原●ほんとは不真面目やけどね（笑）

谷本●それをやってこられたから、ここまで県会議員として務め上げられたんじゃないですかね。それと、特にライフワークとして駅西地域の発展、地域づくりに一生懸命、自分の政治家人生をかけて取り組んでこられた。おやめになるこの時期にようやくその成果が花開いてきた。この駅西地区に業務機能がどんどん集約している。北國銀行の本店も、ＮＨＫ金沢放送局も、日銀金沢支店もこちらに移ってくる。県庁も移転し、中央病院も建て直した。産業を振興するためのゾーンもこちらにある。いまや日本を代表する企業の北陸の社員研修というのは金沢でやっている。福井からも富山からも集まりやすい。しかも、地場産センターでいろんな研修会をやっている。業務機能がここまで集積したというのは金原さんの力が大きかったんじゃないかと私は思いますよ。

金原●わしなんかとんでもない。

谷本●これから金沢が発展する中で、駅西地区というのは欠くことのできない存在になってくる。駅東だけでは金沢が大きく発展するためには制約があるんじゃないでしょうか。新幹線が入ってきたことによって、金沢駅を挟んで駅東と駅西のいい意味での役割分担が明確になってきた。金原さんにはそのいわば礎をしっかりつくっていただいた。手抜きをしない。真面目にコツコツ。有権者のところに自分で歩いていく、この丁寧さ。政治家というのは手抜きをし始めたらいけません。

金原●真面目でもないよ。手抜きもせんでもないぞ（笑）

谷本●とにかく、非常におおらかな方で、断ることをされない。よほどのことがない限り「わかった」と。ぐじゃぐじゃ説明せんでも、「わかった。ほんならやる」と。負けが濃厚な選挙でも、結果がどうであろうと引き受けたらやる。それが金原さんの真骨頂じゃないですか。

対談後、谷本知事(右)と握手する=知事室

金原●知事もやっぱり優秀やな。副知事の時は分からんだけども。やっぱり中西知事というのは、杉山のこともあるし、副知事に寝首を掻かれると思っていたのか、あまり副知事を表に出さなかった。だから、当時、谷本副知事としゃべった県会議員はあまりおらなんだ。

谷本●目立たないようにしてました。

金原●そうやってんろうねえ。

谷本●目立ったら中西知事に怒られますから(笑)

金原●まあ今、石川県に勢いがあるのも、結構な部分が谷本知事のおかげや。これからも、知事として頑張って。わしぐらいまで生きれば、9選でも10選でもできるわ（笑）

対談

石川県議会議長（対談当時）福村章氏×金原博氏

※2019年11月26日
石川県議会議長室にて

平成の石川県政界で、最大の政治決戦といえば、1991（平成3）年の知事選です。それを制した中西陽一知事（当時）は8選後にどう動いたのか。「森奥戦争」とは何だったのか。激動の平成県政史の舞台裏を、現職最多の11期で2度目の議長を務める福村章さんと語りました。（令和元年11月26日に対談しました。月刊「北國アクタス」2020年1月号に掲載された文章を一部加筆しました）

空手形になった「議長密約」

金原●県議会の議長室に入ったのは久しぶりやなあ。池田健（旧社会党県本部委員長）がなって以来、自民党と公明党の者しか議長になっとらんから、なかなか入る機会がないわい。

福村●池田健さんが議長になったのは、金原さんらが出て行って自民党も数が減って、社会党を抱き込んだりしとった頃やな。

金原●議長といえば、宇野（邦夫元県議）の時はだまされたわい。岡田（直樹官房副長官）が国政に出る時、

石川県政の歴史を福村議長（左、当時）と振り返る＝2019年11月26日、石川県議会議長室

宇野を議長にすると約束したがに。

福村●あの時は、自民党はわしと北村（茂男元衆院議員）さんで、金原さんと宇野さんに会った。東急ホテルやった。森（喜朗元首相）さんからは「岡田は将来がある。当選するだけじゃダメ。圧勝させてくれ」と言われとった。「何をしてもいい」というので、「ほんなら宇野を議長にする」と言うと、「分かった」ということやった。

金原●あの選挙の森さんは優しかった。選挙事務所でも、宇野に「どうぞ」と先に座るよう気遣っとった。

岡田氏の事務所開きで顔を合わせた（左から）沓掛、金原、森、宇野の各氏＝2004年5月、金沢市内

あの森さんがなあと思っとった。まさか、ちゃぶ台を返されるとは思わなんだ。

福村●選挙が終わると、森さんが「彼らがこっちに来んでも勝てた」と言い出して「宇野議長」に反対した。「勝てたじゃなくて、圧勝するために協力してもらった。もう約束してしもたさけ」と頑張ったけどダメやった。

金原●わしらあの時、奥田建（元衆院議員）の嫁さんを出せば上がれるわ、と思とったんやけどなあ。宇野は議長になれると思っとったやろう。空手形になってしもた。

福村●わしも宇野さんには申し訳ない気持ちがあるわ。

「県に勢い」知事変える理由は

福村●金原さんと宇野さんが谷本県政の生みの親であったことは間違いない。一時は金原さんらの勢力に勢いがあったし、国政選挙で自民

県議会、知事について語る福村議長

党も何べんか負けたのは確かや。ずっと谷本県政の大事な柱やった。それに金原さんの人柄もある。金原さんはまことにおおらかで融通無碍《ゆうずうむげ》やわい。たまには厳しいことを言う。でも敵をつくらない。憎む人もいない。

これは人徳ですよ。以前、しんぶん赤旗にも金原さんが出ていたけど、赤旗にまで出るなんてだれも真似できん。まさに融通無碍やね。

金原●確かに、赤旗に出た地方の保守系議員なんか前代未聞かもしれんな。

福村●おそらく、そうでしょう。知事の主流で、県都金沢の主軸の県会議員。人数が少なかろうが、金原さんには存在感があった。そやけど、金原さんという重し石がなくなった今の第二会派（県議会・未来石川）は、代表質問のために一緒になっとるだけや。知事もさほど気を遣う必要がないんじゃない？

金原●今は、議会をまとめる力を持っとるのは福ちゃんしかおらんわい。

福村●いやいや、それほどでもないです。自民党が大きくなったのに、知事はいつまでも金原さんや宇野さんを大事にしとるとよく言われとったけど、わしは正直、知事が生みの親を捨てるような者やったら、ついていけんよ。大切にして当然。それが人情味やと思うよ。

金原●わしのかあかの命日にも参りに来てくれた。倉元（泰信元新進石川事務総長）のところにも行ったと聞いてびっくりした。行かんより行った方がやっぱりいいわい。

福村●高級官僚のわりに、案外早く「政治家」になった。ツボをしっかり心得とるわい。知事は平均台を歩いとると言われたけど、同じ平均台を歩くにしても、強弱をつけてうまくバランスをとって歩いとる。わしや金原さんと、1期の者を一緒に扱っとったら、わしらが反発するわい。その辺を心得てやっとるね。

金原●そんなところは賢い。福ちゃんとか、宮下（正博県議）とか。押さえるべきところに、ちゃんと気を遣っとる。

福村●期は若いけど、山口（彦衛県議）らにも気を遣っとる。村長までしとるさけ。その辺が賢い。「政治家」にうまいこと切り替えできなかったのが、福井の西川（一誠前知事）さんや。真面目一本やり。たまには付き合いもせんと。最後まで役人やった。

金原●それにしても、今は石川県に勢いがある。52年政治家をやってきたけど、これだけ石川県が勢いを持っとることは初めてやぞ。この状況をつくったのは、大半が谷本知事やということになる。谷本知事も長くなったけど、今、知事を変える理由がないわい。

福村●知事はよく石川県を日本海側のトップリーダーにしたいと演説しとるけど、もうなったよ。新潟と比べても負けとらん。わしも県議を40年やってきて、これだけ勢いを感じるのは初めてや。谷本県政の政策が誤っていないということやろう。知事というのは、長いからダメ、短いからいいというもんじゃない。4年ずつ審判を受けて、その積み重ねやからね。

金原●谷本が健康なら変える理由はないわい。

県議会議長室を久しぶりに訪ねる

福村●だけど、まだ早い。もう1年ぐらいやってからの判断や。谷本さんよりいい候補者が出てくれば、よっぽどいい候補者が出てくれば、それは県のためやからね。でも、長いさけ替えるというものじゃない。谷本さんは実績があるんやから。

金原●どんな候補者が出てくるかや。出てこんことはないわい。出せるとしたら森さんやろな。オリンピックの後、森さんに、そこまで馬力あるかどうかやな。

中西知事は貴公子、あの時代に合った

福村●そやけど、谷本さんは選挙向きやわな。明るくて。みんなと写真を撮りまくって。

金原●運もいいわな。

福村●運のいい人なのは間違いない。しかも、運を倍に生かすわい。すごいのは、運の悪い時や。それをチャンスにする。能登半島地震、

重油流出、浅野川の水害。災害が起きると、すごいがに、やるわな。防災服着て。ピンチをチャンスに変える。それが、あの人の能力やと思う。ピンチでダメになっていく首長もいっぱいおるがに。

金原●谷本知事は頭がいいわい。細かいことも全部覚えとる。それに庶民的や。そこは中西（陽一前知事）さんとは全然違う。

福村●全然違う。中西さんは貴公子然としとった。公家みたいなもんや。あの時代に合うたがやろな。今やとダメかもしれんけど、首長はガチガチに固めとった。まあ、裏で動いてくれる杉山（栄太郎元副知事）

知事として歴代最長の32年在職した中西前知事

さんという女房役がおったから、貴公子でおれたわけや。

金原●ほうや、杉山をうまく使っとった。

福村●金原さんと宇野さんみたいなもんや。宇野さんが暴れまくっても、そのあと金原さんがちゃんとまとめていく。中西さんがいい格好をした後、頭をなでたりするのは全部杉山さんの役割やった。あのコンビが絶妙やった。

奥田さんに衆院出馬を促された

福村●中西さんを支えたもう一人が奥田（敬和）さんや。竹を割ったような性格で、人間は悪くない、ええ人やった。

金原●なかなか自分で決めない人でもあったぞ。じっと、わしらや経済界などの動きを見とって、決まりがけにポンと飛び乗る。中西8選の時も、谷本知事の1回目の選挙の時もそうやった。中西、杉山選挙の時、わしと今井源三（元県議）と吉田勉（元金沢市議）の3人で杉山支持を伝えに、奥田さんの家に行った。その時も、奥田さん本人でなく、県議に落ちて浪人中やった宇野が「主君に背く杉山は明智光秀と一緒や」と言ってきた。その後、わしは杉山を説得し、杉山も一時降りることに「分かった」と言うたが、それを伝えようと宮太郎（金沢商工会議所会頭）に電話しても出んかった。出ておれば、パッと話が広がって杉山も後戻りできなんだかもしれん。その時に宇野に電話したら、「杉山を降ろすとか、つまらんことすんなま。わしは戦で男を上げようと思っとるのに」と言われたが、宇野は本当にこの選挙で毒舌で鳴らし、直後の県議選でトップ当選をしたんや。

福村●実は、一川（保夫）さんが衆院選に初めて出た1996年の衆院選でわしにまず声を掛けてくれた。奥田さんから「森とやるにはお前が一番いいと。お前が出たら『森』は割れるさけ、出てくれんか」と言われたんや。わしは「ありがたいけど、わしは森さんとやれんわ」と断ったら一川さんに話がいったんや。

金原●おお、その時は、粟（貴章野々市市長）にも声を掛けたぞ。わしが言うた。粟は「どうすっかなあ。ちょっと考えさせてくれ」と。その前に、一川にも打診しとった。一川は「難しいなあ」と言うとったけど、二人の後援会の力を考えたら、やっぱり一川じゃないと勝負できんのかなあと思とった。それで一川に「おい、粟が出るかもしれんぞ。お前それでいいがか」と電話したんや。ほしたら一川が「いや、頼む。後援会集めるから、あんたと宇野で来て説得してくれ」というので、寒いのに小松の農協に行ったことがあったわ。

福村●わしに声が掛かったのはその前やろうなあ。奥田さんに小松の飲み屋に呼び出されて。飲むほどに調子が出てきた奥田さんに「やったれま」とか言われて。

金原●福ちゃんが出とったら、比例で残ったかもしれんな。一川の代わりに。福ちゃんが国会議員やったら石川県政はどうなっとったかなあ。そやけど、森さんはその後、総理大臣になったんやから、やっぱりたいしたもんやぞ。

細かくなければ「今でも神様」

福村●そりゃそうや。後にも先にも、戦後、石川で総理大臣まで行った人はほかにおらん。たいした政治家や。ただ一つの欠点は、細かいことまで構いすぎる、ということや。地方は地方にだいたい任せてくれればいいのに。そこが惜しいところや。それがなけりゃ、今でも神様や。

金原●なんであんだけまで構わんなんがかな。性格か。

福村●性格もあるし、ある意味では気の毒な面もある。総理までした人が石川県の主流にいっぺんもなれんだわけや。だから、知事を手にしたい、という思いが、ずっとあるんやろう。隣の綿貫（民輔）さんなんか自民党を離れても富山では神様やがい。

金原●谷本知事の2回目の選挙は、森さんも選対本部長をやった。そのまま仲良くやっとれば、今ごろ森さん、主流の中の主流やのにな。

福村●性格的に合わんのやと思うわ。わしは谷本さんが知事になってから2、3回、赤プリ（赤坂プリンスホテル）で森さんと食事の場をセットした。杉本（勇寿）副知事も一緒に。その時はこれからよろしくとなるけど、結局しばらくするとまたダメになる。根本的に合わなんだんやろう。

金原●奥田の選挙をやっとると、森さんの下におると楽やろなあと思った。森さんは全部自分で構うから。奥田は頭はいいし、人をうまく使うけど、自分は何もせんげんわな。金から何から全部こっちで面倒みんなん。

福村●対照的かもわからん。

金原●対照的や。森さんは時々、なんであんなに人をぼろくそに言うんかなあと思うけど、それで総理になったんやから、あれがいいがかもしれん。黙っとるより、言うた方がよっぽどいい。黙っとる奴に成功した者はおらんわ。

福村●政治の世界ではそうや。考えてみると、森奥戦争と言うけど、二人ともいいライバルやから、あそこまでいったがや。政治はライバルがおらなダメや。

金原●奥田は言うとった。「わしは森のおかげで、ここまで来れたんや。森が第三者、中立の者を吸い取り紙のように取っていく。だから第三者が選挙に出れなんだ。わしは、ちょっと強い者が出たら負けたかもしれんけど森のおかげで長くできたんや。大臣に何べんもなれたのも森のおかげや」と。それが本心かもしれん。

福村●わしは同期に石本（啓語元県議）さんがおらなんだら、今はなかった。「当落なんか関係ない、石本にだけ勝たんなん」と支持者もわしもそう思ってやってきた。ずっと張り合ってきたから、彼が亡くなったときにガクッときたよ。石本さんが亡くなった後は、まあ上がりさえすればいいわと気が抜けたもんや。

金原●やっぱりライバルは大事やな。

福村●そう思ったら、谷本さんの長期政権も森さんのおかげじゃない？　逆説的にいえば。張り合う者がおらなダメや。

金原●そうや。そう思えば、谷本がおるのも奥田がやれたのも森さんのおかげや。石川県政のためにも、森さんに、もうちょっこ元気でやってもらわな。

福村●そう考えると、奥田さんが元気やったら森さんは辞めとらんのじゃない？

金原●ライバルが田中美絵子（元衆院議員、現金沢市議）になって嫌になったんかもしれんな。あの選挙、もうちょっとで美絵子が勝てとった。小沢（一郎衆院議員）も美絵子が勝つと思って石川に来たんやろう。

福村●わしは森さんの選対本部長をしとったけど、なんとか勝てるという目算はあった。代議士（森氏）は負けるかもしれんと思ったんやろう。投開票日、事務所に記者を入れんようにした。何べんも、わしに「どうや、勝てるか」と聞いてきた。「小松で1票でも勝てば勝てる。何としても小松で勝つさかいに」と言うて、本当にそうなった。

金原●美絵子というのも、きかんもんやわい。

福村●やっぱり、いろんな経験もしてきたし、そんじょそこらの市会議員や県会議員より、人間が練れとるなあと思った。頭悪ないなあと。

金原●頭は悪ない。次は県議にでも出るんじゃないか。美絵子は選挙きつい（強い）わい。そやけど、選挙はその時その時やしなあ。わしは、前の前の前の知事選（２０１０年）、岡田（官房副長官）がぽーんと出とったら、谷本は負けると思たな。

福村●わしは谷本さんが勝つと思とった。森さんにもそう言った。石川には安定を求める県民性がある。それと、中西さんもそうやけど、谷本さんもひとかどの人物やわい。

金原●人物やな。ほかの県の知事からみたら優秀やわい。

福村●そうじゃないと、そんな長く続くはずがない。政策を大きく誤ったり、スキャンダルが出たりしたら続かんぞ。

金原●中西は庶民性はないけど、長い先を見て大きな事業をぴしっとやっとった。行き当たりばったりでやっとるような奴はダメやわ。中西は賢かった。政治家やった。杉山と戦って8期目に入ってからは、特に凄みを増しとった。

県庁移転、航空プラザで一本釣り

福村●ほうや。金原さんの前で言うのもなんやけど、県庁移転がその象徴やな。それまで議会で県庁を建て替えたらどうやと、どれだけ質問しても、中西さんは「先憂後楽。一番最後や」などと言っとった。それが、ある日突然、奥田さんとわしをつば甚に呼んだ。奥田さんは国会議員の代表や、わしはちょうど議長やったさけや。変な面子やなと思って行ったら、中西さんから「いろいろ言うてきましたけど、そろそろ県庁建て替えたらどうかという意見もありまして」と。

金原●そんな意見、とうの昔からあるわい。

福村●そう。それで「どうでしょうか。どう思われますか、奥田先生」と中西さんが言う。「そんなもん、あんたがやろうと思ったんならやるべきやわい」と奥田さんは一発やった。「議長さんはどう思われますか」と聞くから「いいんじゃないですか。どうせやるなら、古いものにちょぼちょぼと予算を掛けるより、思い切って建て替えられたらどうですか」と言った。そしたら「そうですか。そう思われますか。でしたら、そういう方向に舵切りますよ」と。そんながやった。金原さんが後ろで言うとったんないですか。でかいもん、地元に持ってきて。

金原●わしは中西8選目の選挙に負けてからいっぺんも知事室に行かなんだ。そしたら、しばらくして山岸（勇元副知事）が呼びに来た。知事は何を言うのかと思ったら「県庁を新築したいと思う。ついては、あんたらがやっとる区画整理の中でやりたい。協力してもらえるか」ということやった。わしはすぐに「なんぼ、あんたと戦ったというて

議長応接室に飾られた永年勤続の肖像を福村議長（当時）と見る。県議の在職年数順に並んでいる

も、県庁をそこに持ってくるなら、わしは全面的に協力しますわいね」と言うたんや。

福村●広坂で建て替えるか、鞍月に持ってくるかは議会でも大議論になったわな。

金原●わしが知事室から出ようとドアのところまで行くと、知事が「ちょっと待って」というがや。何やと言うたら、「自民党を一本にしてもらえんか」と。その時、わしは県連の幹事長やった。でも、わしの派閥というたって嶋野清志（元県議）とわしの2人しかおらん。1年かかったわ。

福村●わしも知事室に1回も行かんだ。中川（石雄元県議）さんは知らんまに山乃尾で知事とメシを食うとった。あの人、野党になったことがないさけ我慢できんがや。わしは3カ月ほど行かなんだ。そしたら、知事室に来てくれという話が来た。夕方の5時ごろやった。中西さんは、これからまた4年間しっかりやらんなんから、ぜひ協力してくださいと。わしは県連の政調会長やったから「もちろん、いいことをされれば協力するし、どうかと思ったら議会としてチェック機能を果たさんなんから、是々非々でやります。だから全部、賛成できるような議案を出してください」と言うた。そしたら「ところで、政調会長さん、前から言うておられた、小松空港の前にある航空プラザ、あれ建てましょうか」。こういうがやった。そりゃ、ぜひひとつお願いしますということになって。

金原●なかなか政治家やな。

福村●もう一つ、すごいと思ったのは、しばらくして、ある小松の人が、わしのところに来て、わしに派閥をつくれと知事が言うとるというわけや。これから金沢は金原さん、能登は宮下（正一元県議）さん、加賀の方は福村さんに任せたいと。だから派閥つくってくれということやった。「わしは金もないし、中川さんの子分やさけ、そんなわけにいかん」と言うたら、「いや、ちゃんと企業をいくつか付けますからご心配なく」と。こういうがや。

金原●そこまで手を打ってくるなんて、すごいもんや。

福村●わしは「ありがたいけど中川さんを裏切るわけにいかん。申し訳ないと断ってくれ」と言うたけどな。

金原●9選も10選も考えとったんやろな。健康でさえあれば。杉山がおらんようになって、そのあたりを仕切っとったのは竹野（清次元県議）やわい。

福村●そういう根回しができたのは竹野さんやったね。金原さんや中川さんを別にして、やっぱり県議会ですごかったのは矢田（富雄元県議）

さんと竹野さんやったと思うな。

金原●敵に回したら、恐ろしい人やった。三文新聞、ゴロツキ新聞まで味方にしとった。あれが生きとったら、選挙でひどい目に遭わされとった。

福村●業師やった。

金原●杉山も、中西陣営に竹野がおらなんだら勝てとったかもしれん。坂本三十次（元官房長官）も竹野に頭が上がらなんだ。今の県議会に、竹野みたいなもんがおらんで、福ちゃん、よかったなあ（笑）

次は空港に金をつぎ込め

金原●今の福ちゃんを見ていて、すごいもんやと思うのは、小松空港のことや。この前、国際化推進議連でタイに行っとったけど、福井も経済界も抱き込んで、海外まで要望に行く仕掛けをする議員はなかなかおらんぞ。

福村●バンコクはかなり可能性あるよ。

金原●新幹線が延びたら、小松空港もどうなるか分からん。多少、向こうの条件飲んでもいいさけバンコク便を実現せんなん。バンコクは人があふれとる。勢いがある。タイは人間がいい。豊かになればまだまだ日本に来る。企業も結構、行っとる。中国だけに突っ込んどると危険やから。小松空港に県はもっとお金をつぎ込むべきや。

福村●それを金原さんにどんどん言うてもらわんなん（笑）。陸海空のインフラというけど、新幹線も、港も、これでいいがになる。次は空港や。これまでは、ほとんど防衛庁（現在は省）とか他人の手でいいがにした。次は、県が金をつぎ込むべきや。富山の空港は県が自分らでいいがにしたんやから。

金原●小松は地方空港としては第一級や。その割に、ターミナルビルがみすぼらしい。

福村●わしは、活性化委員会をつくれと言っとる。第二滑走路をつくるのか、ターミナルビルを建て替えるのか。国際空港にしようというのなら、入国審査に一時間も行列つくるのはどうか。国際便は1時間ほど待たんなんけど、コーヒー一杯飲む場所もない。便ばっかり誘致しとらんと、空港ビルもいいがにせんなん。

金原●ほや。やらなダメや。港には、この10年ほどで400億円つぎ込んどる。次は空港や。

福村●早く、中期ビジョンをつくって小松空港こそ人が集まる場所にせんなん。土木事務所も県事務所も県の施設は全部そこに持ってこんなん。そして駐車場を無料にする。インターからも近いし、どこから来るにも便利。北陸三県から人が来る施設になるぞ。

覇気と勇気と覚悟を持て

金原●世の中やかましくなって、なんでもかんでも表に出るから、議員そのものが小さくなっとる。だんだん縮んでいって、議会の用をなさんようになる。執行部に噛みつく時は噛みつかんなん。年寄りが出てくると発言できんようになるようじゃだめや。若い人らはそんなことにめげんと、勉強して知識を持たんと、執行部と勝負にならん。

福村●みんなとは言わんけど、若年寄が多なった。覇気と勇気と覚悟がない。議員というものは、やっぱり是々非々や。何も意見を言わんのやったら幼稚園児でいい。賛成だけするんなら。

金原●新人が少なくなったのもいかんわい。わしの時は、自民党で12人、革新で2人、計14人当選した。今、新人は合わせて4人しかおらん。だれも出てこんがや。それじゃ、ベテランに数の力で負けるわい。

福村●でも、出るなら、志を持って出ないと。ただ出てもね。サラリーマンじゃねえ。わしは全く無名の新人やったけど、青雲の志を持って出た。反主流や。矢田富雄さんや中西知事をぎゃーとやって。一期、三期ぐらいまでは野党顔負けの質問やと、記者が議場に鈴なりになった。わしが出ていくと、中西知事が横を向いて貧乏ゆすりして顔真っ

対談を終え、福村議長（左、当時）と握手する

赤にしとる。わしはそこから始めた。

金原●せっかく福ちゃん、議長なんやさけ、若い者集めて県政の勉強会をしたらどうや。こういう県政の歴史、舞台裏を教えることは大事やぞ。政治の醍醐味を分からんと、なろうという人が増えんやろ。

福村●ほうやな。それなら、もう少しわしも頑張らんなんかな。金原さんも、後進のためにもお元気で（笑）

対談

前金沢市長
石川県中小企業団体中央会会長
山出保氏
×
金原博氏

※2019年12月5日
石川県中小企業団体中央会にて

山出保さん（前金沢市長、現石川県中小企業団体中央会会長）とは、山出さんが初めて出馬した１９９０（平成２）年11月の金沢市長選で選挙事務長を務めた間柄です。市長時代に進めたまちづくりや区画整理について、じっくり話し合いました。

金原●山出さんはよく本を書いておいでやね。わしはこの対談のために、もう一回、山出さんの本を全部読んできたわ。
山出●今も書いとる。
金原●もう5冊目やろ。
山出●ほや。
金原●すごいもんや。職人大学校についてもいろいろ書いてあるけど、あれも大変やろ。職人の先生はおるんけ。
山出●先生も高齢やさけ、亡くなる人もおって大変や。大学校の運営も性根を入れてやる人がおらんとダメ

まちづくり、区画整理事業について山出さん（左）と意見を交わす＝2019年12月5日、石川県中小企業団体中央会

やな。

金原●よく職人の学校をつくろうと思ったなあ。それがすごい。

山出●日本で金沢だけや。亡くなった永六輔さんも、わしと一緒で職人というものが大好きで、見に来られとった。

市民芸術村、見た瞬間、声が出ず

金原●何と言っても大和紡績（金沢工場）の跡に、市民芸術村というものをつくろうと思ったのがすごい。どうして、あんなものを思いついたんや。

山出●大和紡績の跡地に足を運んで、倉庫の木組みを見た時にびっくりした。なんじゃこりゃあと思って、しばらく声が出なんだ。これはいいもんやなあと。

金原●見てすぐピンときたということやな。それで大和紡績の土地を買ったわけや。あんなものを買って何するんやろうと思ったけど、今思えば、あれを残したというのは大変な見識や。

山出●見に行った時は、既に壊すことになっとった。でも、あまりの見事さに驚いて、「壊さんがやぞ」と早く言わんなんと思って市役所に飛んで帰ったわ。

金原●そんなことを思えるのは、山出さんだけやろうな。

用水の開渠化、農林省予算で

山出●まあ、わしは「あれしたい、これしたい」と言う方やからな。たとえば、北國新聞社の裏の鞍月用水のふたを取るとか。あれは大変な仕事やった。反社会的勢力も絡んでくるさけ、職員が大変やった。だから、わしは現場に行って職員に「頼むなあ」と声を掛けとった。そうすると、「市長が来てくれた」と職員もやる気を出してくれる。そんなことが大事やわね。トップダウンとボトムアップ。そこらをうまくバランスをとっていかんなんな。

金原●本当に、そういうとこは、たいしたもんやと思うわ。

山出●用水のふたを取る予算は、農水省に要求に行った。国交省に比べて農水省の方が、予算が取れると判断したからね。だから、香林坊の街の真ん中の用水やけど、農水省の予算で直しとるということや。下流に農地があるという理屈でな。

金原●確かに、流れをたどれば農地はあるもんな。しかし、用水組合というのもすごいもんやった。用水に橋を架けて、その通行料で生きとる。ものすごい力を持っておった。わしも市会議員になってすぐの時に「あんたら、おかしい、用水に橋を掛けて銭を取って。銭を取るなら、地下水を汲み上げとる企業から取れ」と言いに行ったら、「なんじゃい小僧。わしら、それで生きとるんじゃ」とすごい剣幕で追い返された。用水組合には絶対手を出さんとこうと思ったもんや（笑）

山出●あの用水のふたを取る事業は大変やった。分かる人には、何よりこれを褒められるわ。

21美にも金沢駅にも反対

金原●21世紀美術館も大変やったやろ。
山出●そうやなあ。
金原●わしらも反対したもん。
山出●あんた反対派か（笑）
金原●反対派やった（笑）。なんじゃい、シアター21って。映画でも観るんかって、分からんと言うておったもん。
山出●ほうかい。
金原●そやけど、考えてみたら、やっぱりあんたの方が正しい。県と同じような美術館をつくっても意味がないわな。
山出●わしが美術を知っとるから出た結論ではないぞ。全くの素人や。素人の理屈からして、やっぱり県と一緒のものをつくったらダメやと思った。県立美術館とはあまりに近いから。素人というのは、そういう分かりやすい理屈で考えるもんや。

金原●わしらがあんだけ反対したから、山出さんらも大変やったと思う。あの女性の設計者は今じゃ有名になっとるけど、どうやってあんな人を選んだんや。

山出●妹島和世さんか。あれはコンペや。わしが選んだんじゃない。あれを選んだのは、芦原義信という建築の大家や。この人がメンバーを選考したんや。

金原●わしは駅にも反対したんや。ガラスドームにも。

山出●それも初めて聞いたわ。どくしょ※やったんやなあ。

金原●ガラスの天井に雪が積もったらどうするがやと。そんなことしか分からんかった。

山出●みんなぼろくそやったわい。ほやけど、金原博が反対したということは初めて聞いた。

金原●反対やったんや。市会議員たちに「あのけったいなもの、なん

※薄情

じゃい」と言っておったもん。

山出●金原さんとわしは、やっぱり選挙を通じての付き合いが多いねえ。平成2年の初出馬以来、金原さんにはやっかいになったわ。

金原●江川昇さん（山出さんの前の金沢市長）が「山出は優秀やし、わしの代わりにしたい。助けてやってくれ」と言ってきた。わしは自民党金沢支部長やったかな。まあ責任者みたいなもんや。「山出さんなら同じ中学校や」と言って、一生懸命にやった。

山出●金原さんは大徳で、わしは小立野やろ。もうちょい近ければ、先輩後輩でいろいろあったと思うけど、最初に密度の濃いお付き合いをしたのはやっぱり選挙の時やね。

自社公民、4党体制の初陣

金原●山出さんの最初の選挙は、北元（喜雄氏）と戦った。あの時、初めて自民党が野党と組織をつくって、暑い盛りに事務所を開いて冬

まちづくりに高い見識を持つ山出さん

の寒い時までやっとったわな。長いこと事務所開いておったなあ。

山出●自社公民の4党体制やったんや。でっかいプレハブで、炊き出しもした。忘れもせんのが、終盤になってのローラー作戦や。あれはがんこやった。

金原●自分が担がれての初めての選挙や。最初はしんどいやろ。しかも、4党体制という珍しいことやったから。確か、事務所の部屋は4党それ

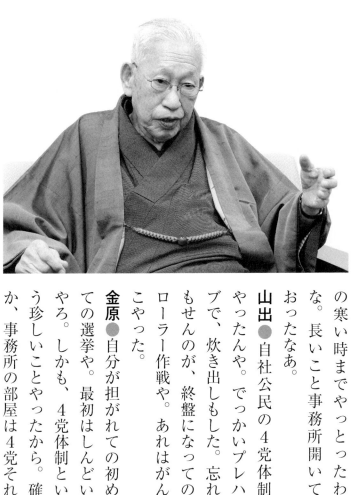

初挑戦となった金沢市長選の出陣式で支持を求める山出さん＝1990年11月、金沢市片町1丁目

ぞれ別々にしとったな。

山出●そうや。金原さんからは「暇あったら寝とけや」と言われたもんや。「1対1の選挙というものは、50％取ればいいんや。全部取ろうと思わんでいいぞ。全部取ろうとすると、ひどい目に遭うさけ、時々休めや」と。忘れんわ。

金原●わし、そんな先輩面したけ？（笑）

山出●いやあ。まあ、すごい選挙やった。

金原●市長選でいえば、もっと

前、岡良一さんが市長になった昭和51年の選挙で、わしは油谷（外郷氏）の陣営の責任者をやった。それで負けたもんやから、大変や。わしは責任者やったから、借金だらけになって。まあ、他人の選挙で30回以上も責任者をやったけど、いやあ、よう生きとると思うわ（笑）

山出●わしの選挙もやってくれた。奥さんにも迷惑かけた。

金原●あんたとわし、母ちゃんが死んだのが、1日違いじゃなかったけ。葬式行けなんだもん。

山出●そうや。平成30年3月19日と20日や。

金原●不思議な縁やねえ。

山出●金原さんに厄介になったわしの初めての選挙やけど、4党体制やったもんやから、社公民の人たちともじっくり話をして、それで仲良くなった。

金原●わしも半分は自民党におって、自民党を出てから残り半分は、そっちの人と付き合った。そっちの人らは自民党よりずっと人間がい

い。自民党は騙すのがうまい。

山出●社公民の人たちは理屈っぽいところがあるわい。

金原●延々と理論闘争をする。わしらは頭がないさけ、ダメや。イライラとしてしまって。今の知事を選ぶ時も、あと43日しかないし、体力が大事や。体重計に乗せて決めまいけって言ったら、誰も文句言わなんだ（笑）

山出●宇野（邦夫元県議）さんというのも、頭がよかった。

金原●頭もいいし、はしかい

し、すばしこいな。

山出●切れ者やなあ。

金原●選挙の作戦とかは、倉元（泰信新進石川事務総長）もおったけど、やっぱり宇野の発言力がでかかった。

山出●そうか。おかげで、わしは支えてもらった。

金原●そやけど、市長になってからの山出さんは、すごいもんやわ。市長というと、徳田與吉郎市長が60万都市構想を出してきてね。駅西の240ヘクタールを区画整理する図面を引いたやろ。今から50何年前に、区画整理事業で駅の広場をつくったり、ああいうことを考えたのはすごい。わしが小さい区画整理で命を取られかかっとるのに、よくやったと思うわ。途中から、それを山出さんが引き継いでやっとるわけやけど。

山出●最終的には、港から駅までの462ヘクタールを県と市、それに区画整理組合で実施した。日本であれだけ広い区画整理やったのは、博多と金沢だけなんや。

金原●やっぱりすごいもんや。山出さんはいろんな条例を作っとる。まちづくり条例とか。こまちなみ条例とか。政治家としてもすごいけど、もうこうなったら文化人や。たいしたもんや。名市長やわ。

山出●まちづくり条例は、日本都市計画学会が評価してくれてね。日本都市計画学会石川賞というのをいただいた。石川というのは東京大学の先生の名前で、位の高い賞やと思うよ。

金原●政治家でもあり、行政マンでもあり、文化人でもあり、作家でもある（笑）。当初予算案の原稿やらあんなのみんな書いておったんやろ？

山出●まあそりゃ書いとったけど、徳田さんのを書くと、いつも直された。赤鉛筆でうまいこと直してあるんや。ほしてね、その原稿用紙にご飯粒がついとるんや。ということは、ご飯を食べながら直しとるわけや。あの人の下で働いとった者はやっぱりよく働いたわ。がんこやぞ。

区画整理は金原さんのライフワーク

金原●ほんなら、60万都市構想という具体的な区画整理の図面を描いたのは、そういう連中やろなあ。

山出●そうや。金原さんといえば、区画整理。わしから言わせてもらうと、区画整理は金原さんのライフワークや。そういう言い方がいいなあ。生涯やってきたんや。区画整理は、まず減歩をする。区画整理できれいな街をつくる経費を出すために、みんなに少しずつ土地を出してもらって、それを銭に変えて経費をまかなうわけや。

金原●ほうや。

山出●だから、減歩を食らうぞ、ということを最初からみんなが承知せんなん。その後の権利のやりくりで、「わしにとんでもないところをくれた」とか「あいつはうまいことをした」とか、そんな話が出て

中西知事を説得して実現した50メートル道路＝2015年10月、北國新聞社ヘリ「あすなろ」から

くるわけや。命を削るところや。そんなことを、今日までやってこられたわけや。

金原●今もやっとる（笑）

山出●金原先生の場合は大徳と鞍月だけでない。駅から港まで包括的にやったわけや。駅からバイパス（国道8号）までは市、バイパスから港までは県が担当した。これは、市がやったところの方が面倒なんやわ。県はまだ田んぼが多いところやったから。

50メートル道路で知事ら説得

金原●中西知事は国道8号から港までを36メートル道路にすると言うとったんや。直接買収方式でと。考えてみたら、県に区画整理の担当者はおらんのや。わしは大反対して、50メートル道路にしてくれと。そうすると、中西知事と杉山副知事は「あんた、そんなら区画整理で赤字を出したら責任を持て」と。そう言われてもなあ。

山出●ははははは（笑）

金原●そやけど、県も、区画整理の技術者は、市から借りてこんとおらんがや。半分は市の職員で助けてもらったわけや。

山出●そこは県市協調や。

鉄道の客貨分離と高架化をいち早く

金原●もう一つ、山出さんの大きな手柄は、鉄道の客貨分離と高架化を早くやったってことや。富山は今やっとるんやからな。それはやっぱりあんたの力や。

山出●客貨分離は、浅野町校下の33万平方メートル、10万坪を金沢市が国鉄に代わって買った。国鉄は駅の前と後ろに地面を持っとるから、それと交換した。それが、新幹線が来た時に生きるわけや。そうすることによって、金沢駅が初めて旅客の専用駅になる。それまでは貨物と人間が一緒の田舎の駅やったんや。

金原●あれはすごいと、わしは思う。

山出●もう一つは高架化やね。犀川から浅野川の間で、地面をたくさん買わないといかんわけや。そうやって新幹線の線路を2階に上げないと、駅の前と後ろがつながらない。でっかい金がいるから、事業主体は県。わしはやっぱり県市の協調はでかいと思う。

金原●でかいなあ。

山出●今、駅に行って皆さんがごらんになると、きれいになって、店もたくさんある。立派になったね、とみんな言う。しかしその前提には国鉄と市の「客貨分離」と県の「鉄道高架化」という大きな仕事があったんや。この仕事は大変大事なことや。忘れ去られてはいかん。命のある限り、これは伝えていかんなん。こんなことを言うの、わししかおらんからね。

金原●富山を見たらびっくりする。今まだやっとるんや。それを先にやったっていうのは、すごいわい。

山出●そして駅の広場を改造して。モニュメントを置いたり、鼓門を置いたりしたやろ。あれは市の仕事なんや。県は鉄道の高架化、市は広場の整備。そして市と国鉄で貨物ヤードの移転。やっぱりね、県と市の協調っていうのはでっかい。こういう仕事は非常に大事。忘れ去られてしまわんようにせんなん。

金原●金大附属（小中・幼稚園）の跡地は市が買って、21世紀美術館をつくった。県は金沢城を110億円で買った。

山出●あれは中西さんとわしがニューグラ（金沢ニューグランドホテル）で昼飯にカレーライス食ってる時にね、中西さんが「僕は城の中を買うからな。君は附属を買え」と、こう言うた。わしは帰ったあとで「おいちょっと待てよ。市の方が単価が高いぞ」と思ったけど、でも県の方が石垣を積んだり崩したりやから整備に時間がかかる。長く続くから、ほんでいいかと思ったんや。

金原●やっぱりきちんとすみ分けしとるわけや。今なんか、そんなことできんわな。滅多にないことやわい。県と市はきちんと連絡を取って対等に話せんとダメや。

山出●トンネルを例にすると、卯辰山トンネルは国、涌波トンネルは県、市は野田のトンネルをやった。こんなふうにして、それぞれ事業主体を変えて分担してやったんや。金大の角間キャンパス移転も、県と市で地面を買って。国の人は今でもあの時のことを言う。活気があった。みんな一生懸命やったと。

広大な緑地空間がある金沢市中心部＝2016年12月、北國新聞社ヘリ「あすなろ」から

金原●金大が城から角間に移り、県庁も鞍月に来たけど、まちの真ん中が寂しなったという者もおる。

山出●わしは最近、この中央会（鞍月の石川県地場産業振興ゾーン内に事務所）に来るようになったやろ。強く思うのは、隣の工業試験場、こんなものを何十年も前にここに持ってきたのは、えらいことやなと。研修会もやっとるし、毎日毎日えらい使っとる。あんな様子を見とると、やっぱり中西さんって立派やったんやなあと。それからね、県庁の跡が空いた。あそこを、緑地にして、なんに

もつくらんかったやろ。その原因はわしにもあるわけや。NHKがあそこに行きたいと言うた時に「ダメや」と。県は大河ドラマ（利家とまつ）で前の年にやっかいになってたし、うんと言ってあげられればよかったんやろうけどね。

金原●そやけどNHKはあんなところにアンテナを立てようとして。よそに持っていくことはできなんだんか。

山出●現実、今はそうなったわけや。しいの木緑地は残ったやろ。城の跡、21世紀美術館、兼六園、本多の森公園、尾山神社。都心の緑地空間というのは、でかいんや。今時、地方都市でこんだけの緑地空間を持った街はないよ。これはやっぱり県と金沢市の見識やわい。

金原●これだけのもんは、なかなかないわな。リーダーの見識やわい。

石川県は新潟に勝った

金原●金沢の勢いは新幹線から4年経っても全然衰えんね。観光客が少なくならんというのはすごいわな。ほんだけやっぱり魅力があるんやろう。

山出●こないだね、知事がそれをわしに言うわけや。やっぱり従来から基本を大事にしてきたからやと。これが今になって効いとると。わしはその通りやと思う。もう一つ、知事が言うとった。港を作ってよかったなあと。こんだけコンテナが増えた。クルーズ船が増えた。わしは最近、県庁の人にこう言うんや。「石川県は新潟県に勝ったぞいね」と。

金原●そうや、もう新潟に勝ったと思う。

山出●もう一つ、富山市もね、平成の大合併で大きくなったけど成功やったんかなあと、わしは疑問なんや。新潟市も富山市も。富山市は山麓までどんどん市に入れたわね。今となっては銭がいるわけや。その銭をまかなうものがないんや。わしはね、平成の大合併っちゅうのは日本の検証事例やと思うよ。地方創生と言うても、そうなっとらん。

道州制も、わしはダメやと思う。

金原●合併なあ。農協の合併なら、せなならんと思うけど（笑）。やっぱり地方自治体をぽんぽんと大きくしても、そんなにうまくいかんかもしれんな。小さい町でも、川北のようなところもあるしな。若い者は金沢から野々市に逃げていくしね。金沢や南加賀に比べて、能登はまだ小さい市や町が多いわな。あんまり市や町が大きいと、県の存在感が薄れる。能登に行けば知事は神様やけど、金沢では「わりゃ、おるんか」というもんやからな。

芸妓は金沢の個性、世話できるのは…

山出●金原さんは、茶屋街や芸妓の応援もやっとった。いいことや。区画整理の世話をするのは楽ではないけど、芸妓の世話も楽でない。相手がおることで、その相手に信用してもらわなダメやから。芸妓衆というのは、必ずしも人をすぐ信頼するわけじゃない。だから、簡単

多くの観光客でにぎわうひがし茶屋街＝2019年12月

にはできない仕事なんやと思う。金原先生が芸妓に信用され、芸妓の悩みを聞いて、それを知事に伝えておるんやろう。知事もまたそれをいいがにしとるから、わしはよかったと思う。

金原●わしは小唄をやっとったからな。山出さんが当選した時に、片町とか花街をいいがにしてやってと言うた覚えがある。

山出●金沢の芸妓っていうのは文化や。街の個性や。個性を大事にせんなん。その世話は誰でもできるかっていうと、そうじゃない。そんな人が金原さんを除いておらんのや。

金原●あんたが市長になってからいいがにしたんやがい。茶屋街を。

山出●わしは毎晩行くわけにもいかんし、市長として何ができるか。そうするとやっぱり、検番をきれいにしてやるといいかなって。一つだけするわけにいかんから、三つやったら、みんな喜んだ。金原さんは区画整理とお茶屋の応援は、死ぬまでやらんなんわ（笑）

金原●区画整理は今も、やっとるんや。南新保の方な。ほやけど参るわい。許可とってくれと言われたのが3年前で、許可がもらえたんがやっとこの前や。許可は金沢市なんや。わしは頭にきてな。いっとき、県会議員をやめて市会議員になろうかと思ったぞい。

山出●ははは（笑）

新大徳川をつくった

山出●肝心なことは押さえないかんわな。金原さんのえらいと思うことは二つある。一つは、36メートルの道路を50メートルにした。もう一つ、新しい大徳川という川をつくった。このね、川をつくったっていうことも、あんまり人は分からんがや。

金原●新大徳川をつくったなあ。新しい田んぼの真ん中に4キロほど。5年間で55億円かかった。国の宅地関連促進枠というものを使った事業や。国で1000億円を積んで、それを初めて使ったのが金沢市や。それで、やったんや。

山出●区画整理の中で川までつくったんや。

金原●あそこは、水がつく土地やった。昔は、井戸の水が必要やったさけ、低くて、地下水が噴出しやすいところに集落をつくり、家を建ててあるわけや。そして、市街地から住宅が伸びてきたさけ、区画整理をしようとなったわけや。はじめは旧の大徳川を直そうかっていう話になったんやけど、せんでよかった。ほんなもん、家1軒どかすがに、でかい金がいると。でも、無量寺に行ったら、上流の排水をなんでわしらの排水に入れたんやと。お前の選挙やめたぞと言われたわ。ほやけど、わしはトップで当選した。2350票で上がれたところを、6175票とったんや。県会に匹敵するぐらいの票でトップ当選やったわいね。

山出●そもそも、なんで区画整理をやろうとしたんや。

金原●市会議員になってすぐにアメリカに行った。民間の5人ほどと一緒にカリフォルニアの農業とロサンゼルスの街を見た。昭和42年やった。自動車社会のアメリカの都市は郊外の景色のよい所に住宅や工場がどんどん建ち、高速道路が縦横に走っていた。その頃、日本もようやく自動車社会になりつつあった。そんな時に新しい都市計画が出てきて、農地と宅地を分離するということになったわけや。市の農林部の人がわしの村に来て「あんたのとこ、宅地にしますか。農地にしますか」と。ほんで、若いもんを集めて「おい、アメリカの農業見たら、将来、日本の農業はダメになるぞ。アメリカは松任と同じくらいの面積を1人の農家がメキシコ人を38人使ってやっとった。ほんなもんに勝てるわけない」と言うたんや。年寄りはみんな反対する。「お前はなんじゃい！」ってやられたけど、なんとか説得した。完成したらだれも反対せんかった。それに自信を持って、52年間ぶっ通しでやってきた。

大型商業施設の立地は広域調整を

金原●区画整理を進めていく上で、5千平方メートル以上の商業施設を規制する市の条例が邪魔になったことがあった。あれは、どうしても守らんなんもんでもないと思うんやけど。わしは無量寺で5千平方メートル以上の商業施設を計画しとったさけ、山出さんと意見が対立した。3千平方メートルじゃ、来てほしい連中は来ないんや。あの連中が来んと、お手上げやと真剣やった。

山出●やっぱり大きな商業施設が出てくると、地元の商店街は大変な影響を受ける。小松の一部の商店街なんかみると嫌になる。シャッター通りや。いくら市で支援しとっても限界がある。ただ、大型店を抑えてやろうとすると、国は絶対反対する。この壁は厚い。簡単でない。この問題はやっぱり国やと思う。大型店の場合はエリアが広くていろんな市や町にまたがるから、広域的な観点から調整する仕組みがあっていいんじゃないかと思うね。

金原●それがあれば一番いいがや。

山出●それは県がリードせにゃならんと僕は思う。

金原●そんなん恐ろして、知事らは手が出せんわな。

山出●県は国とけんかせんなん。これがやっかいや。

金原●なるほど、それで県もあまり触りたくないがや。

山出●今、商業施設がどんどん出てきているのは白山市と野々市市や。県も全然関心持たんというわけにはいかんと思うけどな。

金沢港周辺、「工業専用」を見直せ

金原●もう一つ、やっぱり金沢港の周辺のことやけど、工業専用区域だけに縛っているから、商業者が出てきたくても出てこれん。これを県と市がうまく調整しないと。大きな港があるところは、商業施設ができる場所がないといかん。クルーズ船がこれだけ入ってきたら、とくに必要になるぞい。

山出●それは分からんでもない。今、金沢港のターミナルをつくるあの界隈というのは、やっぱりお客さんを呼ぶわけやから、商業機能があってもいいかと思う。

金原●今、工業専用区域になってるところは、これだけクルーズ船が入ってくるようになったら再検討する必要があるわい。上手なやり方があると思う。

山出●でも、海側環状の両側に店を張り付けるというのは、別の問題やぞ。元々、環状道路は高規格道路としてスタートした。だから、ある程度高速で走れないとダメなんや。沿道利用が大事というけど、店をずらーっと並べたら高速にならんわけよ。店に入ったり出たりする車が道路にいると、スピードを出して車を運転できんわけや。その点では、失敗は大学の門前町やと思う。もともとは奥清一（元金沢市議）さんがプランにかかわり、ものすごく厳しい規制やった。それをなし崩しにしていった。奥清一さんが生きとったら怒ったやろう。

金原●そうか。死んでしもてから、ああなったんか。

山出●やっぱ大学やからね。ラーメン屋だとかがずらっと横に並んでしまって、あれじゃ門前町と言えんんて。金石の埋め立て地をどうするかも考える必要がある。金原先生は一番いろんなこと考えておられるやろ。

金原●いやあ、わしはもう議員を辞めた90歳の老人やぞ。そこまで考えとったらすぐに死んでしまう。若い人たちで頑張ってほしいわい。

新交通、乗る人がいるのか

金原●金沢駅の東口の地下。今は浅電だけ来とるけど、あそこを起点にして新交通をやってもいいということを考えとらな、あんなでかい地下広場を作らんやろ。

山出●まあ、そういうことを考えておったわけやね。ただね、わしは新交通システムはそう簡単に進まんと思う。大体乗らんもん。新交通システムというけど、それならまずはマイカーから公共交通に乗り換えましょうという期成同盟会でもつくれと言いたい。会長にはわしがなるとまで言うなら立派なもんや。それでも誰も乗らんかもしれん。やっぱり一番は乗ること。その根拠がないのに、いくら新交通といってもダメや。国もインフラにはもっとどーんと金を出す仕組みをつくらないと。

金原●市は本気でやろうと思っとるんか。分からんなあ。45万やそこらの人口で地下鉄とか。

山出●せめて議連でもつくるといいがや。現実に市や市議会が音頭をとるならいいよ。そんなこともせんとって、口だけで新交通って言っても、わしは絶対ダメやと思う。

金原●地下鉄なんかダメやわい。200万ほど人口おっても、どうかというのに。

山出●まあ段々と車体も軽くなって、感じのいいものを造れるようになってはいるけどね…。

金原●市がただで自転車を貸し出しとるけど、あれはどうや。500台ほど増やすそうやけど。あれ、こないだ中国に行った時、中国でもやっとったわ。

山出●自転車をただで貸すのは、わしは悪くないと思う。

金原●中心部に車がいっぱいおるよりいいということか。

山出●そうや。

金原●外国人は乗るわな。日本人はあんまり乗らんのじゃないか。

議会に言いたいこと

金原●県議会で言うと、わしらの時は、たとえば自民党だけで新人が12人おったんや。今はほとんど新しい人が出ん。4人だけや。そうすると、新人は少数派やさけ、ちっちゃくなっとらんなんわけや。12人おると徒党を組んでいろんなことができた。今は活気がないわね。みんな、もっと勉強をせんなんわい。わしは実際に区画整理やってみて、いろんなことを身に付けていったけど。理屈ばっかり聞いておっても分からんわい。役人と対等に話できんわね。

山出●そや。わしは県会は知らんけど、市会は少し分かる。昔の方が元気やったなと思うわ。平田誠一さんとか井沢義武さんとか。いやあ、おもしかった。結構やんちゃもんやけど、爽やかやわい。自分と違う意見でも、聞かんなんと思った。参考になるから。大事にせんなんと

対談後、山出氏（左）と握手する＝県中小企業団体中央会

思ったもんやね。

金原●質問を役人に書かせるようじゃだちゃかんわな。そう言うわしも、野党になってから初めて自分で書いたけど。自民党におる時は任せとった（笑）。野党に追い出されてから、現地を見て東京にも何べんも行って書いとった。二の丸御殿やら工芸館の質問やら。工芸館なんて東京じゃ人がなんも入ってない。こっちに来たら40万ほど入るやろ。

山出●そうや。地方に移る方が

入るかもしれん。今は地方6団体をみとるとダメやな。地方分権の議論なんか全く影を潜めた。これは寂しい。議長会あたりは、先頭に立って手を挙げて、でかい声を出さんなん。

金原●あんた、全国の市長会長2期やったんやろ。ようやったね。たいしたもんやな。そんなすばらしい市長に先輩面してすまんなあ。お互いにこれからも元気で頑張ろうな。

谷本県政「生みの親」

7年ぶりの握手

ホンネ対談

「知事8選、出りゃ勝つわい」

「元気やから次も出るやろ」

宇野邦夫氏 × 金原博氏

宇野《うの》 邦夫《くにお》

●1942年穴水町生まれ。輪島高卒。75年金沢市議会議員に初当選、83年石川県議会議員に初当選。自民党金沢支部長、県議会副議長。8期目の2015年7月に県議を辞職。県バスケットボール協会長。

金原《かなはら》 博《ひろし》

●1930年金沢市生まれ。桜丘高卒。67年金沢市議会議員に初当選。71年石川県議会議員に当選し、12期務めた。87年県議会議長。2019年4月引退。全国都道府県議最高齢の県議だった。

※2019年9月
金沢市内の宇野氏宅にて

石川県政界を熱くした森奥戦争で、「奥田党」の二枚看板といえば、2019年4月に県議を引退した金原博氏(89)と、2015年に県議を退いた宇野邦夫氏(76)でした。県議会会派・新進石川の会長、幹事長として、知事選や国政選挙で自民党に煮え湯を飲ませたことは一度や二度ではありません。谷本県政の「生みの親」とも言われた名コンビでしたが、2012年に新進石川が分裂して以来、県政界で別々の道を歩みました。2019年9月下旬、金原氏が金沢市内の宇野氏の自宅を訪ね、かつての盟友と7年ぶりに握手し、本音で語り合いました。

※月刊「北國アクタス」2019年11月号に掲載された文章を再掲しました。

金原氏●久しぶりやなぁ。この家にも昔はよう来たもんや。

宇野氏●ちゃんとしゃべるのは7年ぶりか。あんたがわしを蹴飛ばして蹴まくら千代子になって会派から出ていって初めてや。

金原氏●島倉じゃなくて蹴まくらか。相変わらずやなあ。きのうお前の本(「平成石川疾風録」北國新聞社刊)を読んだけど、体が悪なってから4回も選挙したんやな。

宇野氏●県議の当選は元気な時に4回、障害になってから4回や。

金原氏●おっとろしい奴やわい。化け物や。

宇野氏●あんたこそ、まだまだやるかと思とった。

金原氏●そう思とったけど、かあちゃんが死んだもんやから。いつもかあちゃんが大反対し、海外旅行でだまくらかしとったから、かあちゃん死んだらまだまだ出れると思ったけど、逆や。カネどこにあるやら、シャツどこにあるやら分からん。とても出られん。

宇野氏●わしも、かあちゃんがおらんと無理やな。それにしても、県議選で長田（哲也氏）はよう（票を）取った。金原の地盤に、長田の知名度やからな。田中美絵子（市議）も1万票って。何の実績もないのにやっぱり知名度やなあ。

《金原氏は今春の県議引退まで非自民の旗頭だったが、後継者の長田氏は自民入りした》

金原氏●後援会の連中に「わし、こんんでやめるぞ」と言うた時、「お前のために、俺たちは負ける選挙ばかりしてきた。もう負ける選挙はしたない」と言われた。お前と別れてから落ち目の三度笠や。まして1年坊が野党のところにおれんわいや。

宇野氏●長田は正解や。あそこ（県議会会派・未来石川）にいても委員長ポストも議長ポストも絶対に当たらん。わしらは7人や8人で自民党と対峙してやってきたけど、石坂（修一未来石川会長）のボンチにできるはずない。参院選も自主投票って。そんなダラなことがあるか。代表質問の権利をもらうために集まった烏合の衆や。未来石川？ あんなところに未来なんかあるかい。

《一方、宇野氏は県議選で、自分の後継だったはずの元秘書の落選運動を展開した》

宇野氏●あれは勝負やさけ。まだ一人前にもなれんようなヤツが、わしの下から離れたいと言いおって。わしを敵に回そうとしたさけや。

金原氏●がんこなことやるなあと思って見とったけど。まあ、そんな根性でおらな、体が悪なってから4回も上がってこれん。そう思うと、今の若いもんは根性がない。

宇野氏●そうや。国会議員でも県会議員でも昔は、1期や2期で暴れ馬みたいにガンガン執行部と戦っとった。今はやんちゃなもんがおらん。戦にならん。

金原氏●奥田（敬和氏）や森（喜朗氏）が代議士の時は金も力もあったもんや。

金はまくけど集めない

宇野氏●奥田は金はまくけど、自分では一銭も集めん。金遣いは荒いくせに、金集めが下手くそなこと。貯めて懐に入れることもせんけど。あるだけ全部使う。料亭でも芸妓に1万、2万とポンポン渡す。

金原氏●その金も森さんの四分の一やわな。ダラくそなって奥田に「もうあんたをやれん」と言ったことがあった。かあちゃんに「奥田やめたわ」と言ったら、「やめまっし、やめまっし」と大賛成や。ほうやのに、一週間後に奥田が家に来たら、かあちゃんが「あんた、やってやれば。気の毒に」と逆のことを言うんや。奥田からネックレスでももろたんないかなあ。

宇野氏●わしにとっては反面教師やった。立派とは言わんけど、おもろい政治家やった。今の国会議員とスケールが全然違う。わしは奥田のことを『赤いランプの終列車』と言うとった。最後の最後で赤いランプが点いとる最終列車に飛び乗って、いつの間にやら前に座っとる。自分からは絶対動かん。人が拓いた道にパッと乗るのがうまい。まあ、大した政治家や。

野良犬と飼い犬

金原氏●頭のいい怠け者や。横着やけど、頭はいいわい。わざと後援会もつくらん。森さんは何もかも全部自分が構う。玉串奉てんの順番まで。奥田は何も構わんさけ、子分が全部自分で考えてやらないかん。

宇野氏●野良犬と飼い犬や。わしらは野良犬やさけ、エサを自分で見つけてこんなん。飼い犬とは馬力が違うわい。わしは、宮太郎（元金沢商工会議所会頭）にもかわいがられた。宮さんのところには一カ月に一ぺんは必ず行った。行かな、ご機嫌損ねるから。その分、頼りになる人やった。

《1994年の知事選で谷本正憲氏を担いだ勢力の中心だった2人は谷本県政の「生みの親」と言われた》

宇野氏●本当の生みの親はわしやぞ。候補を決める時に、谷本と言うたのはわししかおらんのやから。まあ、次の谷本の8選は、まとめる県議がおるかどうかが問題やな。

金原氏●それは福ちゃん（福村章県議会議長）やろう。

宇野氏●福村はいい格好をしとるけど、まとめる力があるかどうか。

初当選し、万歳する谷本氏（右から2人目）。金原氏（左端）と宇野氏（右端）が谷本夫妻の両脇を固める＝1994年3月

自民党の県連は、谷本をあまり好きじゃない稲村（建男氏）と勲（中村勲氏）が会長と幹事長やからな。谷本が出たいかどうかでいえば、間違いなく、出たいやろ。

金原氏●次も出るやろな。まだ元気やからな。

宇野氏●出りゃ勝つわい。自民党が誰を担ごうが。でも、谷本も官僚やさけ、勝負する馬力があるかどうかや。中西（陽一前知事）さんのように「杉山（栄太郎元副知事）には譲れん」と言って戦う馬力があるか。馬力さえあれば谷本は勝つわい。だっ

ておらんもん、これという候補者が。

金原氏●山野（之義金沢市長）も出んか。

宇野氏●山野は出たって問題にならん。わしより弱いわ（笑）。能登に行っても一票もないわ。

金原氏●いや、でも金沢ではきつい（強い）ぞ。まあ、わしは谷本がやると言えば、やっぱり谷本をやるわい。やると言えばやぞ。誰が出てくるか分からんさけなあ。谷本は有能やわい。でもさすがに長くなったわなあ。

時の力になびく官僚

宇野氏●だけど、人間としてはどこまでも官僚やな。時の力のあるところに、なびいていく。わしらみたいに、力がなくなったもんには全然やわい。わしが議員を辞めたら、この家にも一回も来ん。本を持って秘書課に行っても直接会わん。そういう横着なところがある。官僚ってみんなそんなもんやけど。今のわしに谷本を言わせたら、そうなるわ。

金原氏●谷本は優秀やと思うぞ。中央官僚出身やから、山野らに比べて行政に手慣れとるわいや。

金沢市役所は楽しとる

宇野氏●山野と比べりゃそうやわい。山野は山出（保前金沢市長）と全然違う。金沢市役所の職員が一番楽しとるわい。

金原氏●今、局長も職員もみんな楽しとるな。

宇野氏●副市長にしたって市長を無視してやっとるがいや。山出の時は谷本もものすごく気を使っていた。けど、今や、山野は、森本のテクノパークに進出する企業からの説明を、県庁で知事と一緒に受けとる。そんなダラな。市がつくった工業団地やぞ。なんで県庁に行かんなん。そこが山出と山野の違いや。谷本にしたらやりやすいやろ。「おう、ちょっと来い」と言ったら「ハイ、ハイ」やから。

9選でも10選でも

金原氏●わしもたくさん選挙をしてきたけど、お前と倉元（泰信元新進石川事務総長）と吉田勉（元金沢市議会議長）がおったからこそやなあ。

宇野氏●あんたのいいところは、わしが「こうするぞ」と言ったら、「おうおう」と言って反対せんことや（笑）。あんたは、選挙の神様、わしは神主。神主がおらんと、神様も敬われん。その関係で長いこと一

緒にやってこれた。昔は森奥戦争という言葉が残ったぐらい選挙がおもろかった。ものすごく燃えたもんやった。

金原氏●あの頃は、選挙の終盤に片町でガンガン小競り合いをしとったけど、今はないいな。小選挙区になったのもあるし、やっぱり時代が違ったんかな。わしも、お前と倉元がおらんようになって落ちぶれたわ。ドジョウすくいのチンポコや。最初は元気やけど、冷たい川に浸っとるうちに、段々ちっちゃなってきたわ。

宇野氏●あんたも相変わらずやな

（笑）。確かに、倉元は大変な男やった。表には絶対に出んけど。黒子に徹するというのはああいうことを言うんやな。

金原氏●おう、この前、お盆に倉元の墓に知事がお参りに来とったって。

宇野氏●ほんとかいね。初めてじゃないか。わしの家には来んのに。

金原氏●お前は怖いからやろ（笑）。それにしても、谷本もあっという間に次は8選やって。中西でも8期やぞ。あの時、杉山が上がっとったら県庁移転なんかできんかった。中西が勝ったさけ、わしの地元に県庁が来たんや。9選を狙ってたさけ。

宇野氏●そうや。あの人も元気なら、9選でも10選でもいけたわい。谷本も本人さえその気ならそうなるかもしれん。

金原氏●9選やら10選になると、わしはもうこの世におらんぞ（笑）。まあ、たまにこうやって2人で会うのもいいかもしれんな。段々元気がなくなっていくドジョウすくいのチンポコ同士で（笑）

宇野氏●一緒にすんなや。わしはまだまだ元気やわい（笑）

特別座談会

「区画整理は命がけ」

特別座談会

「区画整理は命がけ」

日　時　令和2年3月13日（金）

会　場　北國新聞会館

出席者（写真左から、肩書きは当時、元職）

下野勘一郎	金沢市副都心北部大河端土地区画整理組合理事長
田村　政博	金沢市松村第二土地区画整理組合副理事長
亀田　修一	金沢市田上第五土地区画整理組合理事長
金原　　博	金沢市土地区画整理組合連合会会長
西野　　茂	金沢市副都心北部直江土地区画整理組合理事長
稲本　誠一	金沢市無量寺第二土地区画整理組合理事長
松平　裕喜	金沢市無量寺第二土地区画整理組合副理事長
山根　栄進	金沢市田上本町土地区画整理組合理事長

苦しい時こそ頼りになった

金原●土地区画整理事業は私のライフワークの一つであり、精魂傾けて取り組んできました。昭和42年に地元の金沢市松村地区で組合を立ち上げ、理事長として手掛けたのを皮切りに、市内の多くの土地区画整理事業にかかわり、市土地区画整理組合連合会長も務めさせていただきました。きょうは、それぞれの地域で土地区画整理事業に汗を流してきた皆さんに、苦労話や事業の成果をおうかがいしようということで集まって

下野勘一郎

金沢市副都心北部大河端土地区画整理組合理事長

いただきました。

下野●副都心北部大河端土地区画整理事業は、16・6ヘクタールを平成19年から29年に施行しました。田んぼばかりの市街化調整区域で、海側環状（金沢外環状道路海側幹線）の開通が決まっていたので着手したのですが、最初は反対者がすごく多かったんです。地権者回りをしたら、よその人に売られてしまった田んぼがたくさんあって驚きました。区画整理をやらないと処分できないことが分かっているのに、田んぼを買った人たちもなぜか反対でした。準備段階で金原さんに力添えをお願いして、引き受けていただきました。地権者の皆さんも金原さんのことはよくご存じだから安心感が生まれ、何とか組合を立ち上げることができて、10年余りで完工に至りました。

田村●松村地区は2回に分けて土地区画整理をやりました。1回目は昭和42年から48年に20ヘクタール、2回目は平成9年から22年に約28ヘクタールです。両方とも金原さんが理事長で、私は2回目の時に副理事長をさせていただきました。2回目は市の提案で松村、示野、桜田、示野中、藤江の5町でやる方向だったのですが、藤江が抜けて、残り3町で準備委員会を立ち上げました。ところが、いざとなったら示野、示野中が反対に回り、設立準備組合をいったん解散したんです。でも、田んぼのままじゃどうにもならんから、金原さんや市と相談して、松村だけでやる

田村　政博

金沢市松村第二土地区画整理組合副理事長

ことにしたわけです。

西野●直江地区の土地区画整理事業は約43ヘクタール、平成18年から30年の施行です。私は、発足時は副理事長で、のちに2代目理事長に就いて、完工までたどりつきました。地権者が入り組んでいて補償物件がかなり多く、面倒なことが結構ありましたね。最終赤字も覚悟したのですが、残工事で調整して、何とか少し黒字を確保できました。

稲本●無量寺第二土地区画整理事業は19ヘクタールで、平成16年から26年に実施しました。鞍月土地区画整理事業が最盛期のころで、金沢西部第二土地区画整理事業も始まっていましたので、隣接する無量寺も今やらないとどうにもならん時がくるだろうということで。当時、金原さんがJA金沢中央の組合長、私がその鞍月支店長だった時で、金原さんに常任相談役になっていただいて、一つ一つ相談しながら完工にこぎつけることができました。

松平●本当は金原さんに理事長になっていただくつもりで、稲本さんと私とでお願いにいったんです。ところが、「わしはたくさん理事長しとるから無理や」と断られ、その場で「稲本が理事長、松平が副理事長や」とうまく振られてしまいまして（笑）。幸い常任相談役に就いていただき、何度も助けていただきました。苦しい時こそ頼りになりましたね。

亀田●田上第五土地区画整理事業は、金大の門前町形成の一環として整備を進めたもので、43ヘクタール余りでしたが、平成8年から27年までかかりました。若松・鈴見地区が昭和60年から土地区画整理を始める時に、「イオンを引っ張ってくるから田上も一緒にやらんか」と誘われ、地元の10人ほどで青写真まで描いたのですが、大地主3人が「まだ早い」と反対してパーになったという経緯があります。私は3代目理事長で、金原さんや市の担当者と相談しながら、無事、締めくくることができました。金原さんには谷本知事に陳情する際、仲介や同行の労をとっていただき、本当に助かりました。

山根●田上本町土地区画整理事業は、田上第五と同時期に約54ヘクタールを施行しました。私も亀田さんと同じく3代目理事長です。すでにお亡くなりになった2人の前任者に頑張っていただいたおかげで、私はあまり苦労せずにやれた感じです。市土地区画整理組合連合会長だった金原さんには、毎月の会合に出席いただいて、いろんなお話やアドバイスをいただきました。連合会の研修会にも毎年ご一緒させていただき、大変勉強になりました。

理事長だけはもうこりごり

金原●私が土地区画整理事業にかかわるようになったのは、金沢市議に当選した昭和42年に、視察に出かけたアメリカのカリフォルニアで大規模な農業を見て、度肝を抜かれたのがそもそもの発端です。ちょうど新都市計画法が施行されるころで、小さな区割りが入り組んでいる水田で農業をやっていても、アメリカに勝てるわけがないと思って、まず松村地区の宅地化を目指して20ヘクタールでやったんです。簡単にできると思ったら、とんでもない。反対の嵐が吹き荒れてひどい目にあいました。

田村●私の父も松村土地区画整理組合の役員として金原さんのお手伝いをしたのですが、頑なに反対する人をお寺で投げ飛ばしたという父の武勇伝を人づてに聞きました（笑）

金原●当時はまだ米価が高く、先祖代々からの田んぼを売るなんてとんでもないという風潮だったんです。2升持っていけばお茶屋さんで遊べたくらい米の価値があった。

下野●私の父も米を持参してすき焼きを食べてきてましたからね（笑）。田んぼが2町歩あれば「おおやけさん」、3町歩なら大変なものでした。

金原●それくらい米が大事だから、反対するのも当たり前なんですね。どうしても最後の総会を乗り切れそうにないので、一計を案じて、29

亀田　修一

金沢市田上第五土地区画整理組合
理事長

人の地権者全員を湯涌温泉の白雲楼ホテルに連れて行って総会を開いた。あらかじめ芸者衆に「必ずいさかいになるから、ころ合いを見計らって『お燗がついとるのに、あんたらいい加減にしまっし』と酒持って回ってくれ」と頼んでおいたんです。案の定、紛糾したが、段取り通り芸者衆がヒラヒラと席を回り始めたので、すかさず「続きは飲みながらや。組合で全部払うから、好きなだけ飲んでくれ」とやったら、最初は息巻いていた連中も腰砕けになって、どうにか乗り切れた。酒飲みはもたんのやな（笑）

田村●松村の2回目の時も、最後の最後まで同意しない地権者がいて、警察沙汰まで起きました。金原さんの県議選の真っ最中にややこしいのが乗り込んできて、「金原としか話ができん」と居座ったものだから、遊説中の金原さんに「頼んこっちゃ、ちょっとだけ時間を空けてもらえんか」と頼み込んで、駆け付けていただいたこともあります。最後は裁判にまでなりましたね。

金原●ハンコがそろっているのに裁判に負けたんです。裁判長に「判決文がなっとらん」と文句を言ったくらい悔しくてね（笑）

下野●大河端も仮同意をもらうまでに3年半もかかりました。ようやく組合を立ち上げたら、今度は理事会が分裂してカチャカチャになりました。理事長だった私は負け組

西野　茂

金沢市副都心北部直江土地区画整理組合理事長

だったので、さっさと理事長を辞めさせてもらったんです。

金原●不動産屋やら商売している連中に皆、だまされるんやね。だまされて下野君らを追い出したんです。

下野●ところが、途中でだまされたことに気づいて、バンザイした揚げ句、「もう一回やってくれ」ですよ（笑）

金原●それでもカムバックして、仕上げたんだからきついもんや。たくさん土地区画整理事業にかかわってきたが、カムバックしてやり遂げたのは下野君だけです。

下野●四六時中、区画整理のことが頭を離れないんです。テレビを見ていても頭に浮かんでくる。一時は病気にもなりました。区画整理事業の理事長だけはもうこりごりというのが本音です（笑）

一同●おっしゃる通りや（笑）

「墓場まで持っていきます」

金原●無量寺第二も、トップの2人が死ぬかもしれんと心配したくらいひどかったね。

稲本●次から次へと難題が押し寄せて、布団に入っても寝られんことが何回もありました。妻に愚痴ろうにも寝とるし（笑）。すがる思いで、夜中に松平君に電話したんです。「布団に入っても寝られん。お前、どうしとるんや？」。そしたら「わし、外に出て月を見とる」（笑）

松平●月でも眺めとらんと、そんなもんやっとれんわいね（笑）

亀田●本当に寝られん夜が何回もありましたね。ここにいる全員が経験しているはずです。イチャモンをつけてくるのは大概よその住人で、田上には1、2枚しか田んぼのない人なんです。そういうのが一番文句を言う（笑）。言う通りにしてあげたのに、あとからまたグチャグチャ言ってくる。最後は30分ほどしゃべるだけしゃべらせて、「そんな話がシャバで通ると思とるんか。勉強して出直してこい」とバスッとやったら、やっと収まりました。

山根●うちが一番苦労したのは金銭面です。大きい商業施設がこないものだから、金沢市に8000坪を買っていただいた。ところが、そのお金がいつまでたっても入らないんです。当時の山出保市長に何回も催促にいって、「おまえら、しつこいな」と叱られました（笑）

稲本　誠一
金沢市無量寺第二土地区画整理組合理事長

西野●土地区画整理事業をやると、普段の付き合いでは分からない性格や人間性があからさまに表れます。それをどうまとめていくかが至難であり、逆に妙味でもあるんじゃないですかね。突き詰めると、土地区画整理事業は「人」ですよ。私は2代目理事長ですが、それでも語り尽くせないほどのドラマがあります。

稲本●どこでもそうだと思いますが、推進派と反対派がきれいに色分けされました。自然にそうなりますよね。それが今でも尾を引いていて、出くわしそうになったらお互いに遠回りする（笑）

亀田●私は3代目理事長でしたが、前任者は2人とも亡くなられたんです。3代目を引き受けたら、女房から「次はあんたが死ぬ番や」と言われました（笑）。前任者は孤軍奮闘の格好でしたので、私は2人の副理事長を自分で選ばせてもらって、チーム体制を組んだんです。それで大分、助かりました。

松平　裕喜

金沢市無量寺第二土地区画整理組合副理事長

金原●1人で全部やろうとすると、それこそ命を失いかねん。選挙もそうですが、トップは部下ができんことだけをすればいいんです。

西野●そうは言っても、理事長は常勤くらいの覚悟で、常に目を光らせていないとダメだというのが私の実感です。副理事長が何人いようが、「私らでやりますから」と言われようが、安易に任せたら落とし穴にはまりかねません。

下野●他町の不動産屋は組合員の委任状を持って、仲間連れで総会に乗り込んできて足を引っ張るわけですよ。それでも、見慣れない顔だから、組合員も段々、ついていったらダメやと気づいて、私らの言うことを聞くようになりました。

稲本●うちは最初から最後まで、総会では1回も質問がありませんでした。ですが、反対者は次から次へと条件を突き付けてきました。私もしまいに頭がおかしなって、事業の無事成功を祈って四国八十八ケ所の巡礼に行ってきました。

松平●反対する人たちは連絡し合っているのか分かりませんが、1人ずつ了解を得ることはできません。それに難儀しました。事業を始めたころはスマートだった私も、ストレス太りで、今じゃこんな体型ですよ（笑）

田村●誰しもここでは言えん話が山ほどあるはずです。墓場まで持っていかんなんと思ってます（笑）

市商業環境形成指針に異議あり

金原●無量寺第二は、平成14年4月に施行された金沢市商業環境形成指針にも苦しめられましたね。

稲本●平成13年にようやく組合の立ち上げができたころに出てきた話なんです。最初にドーンと大きい商業施設ができればうまくいくと算段していたら、幹線道路沿いでも「店舗面積の上限は3000平方メートル」という規制が急にかかってしまった。金原さんから「おまえら立ち上げられてよかったな。これからできる組合は指針に引っ掛かる」と聞いて、ぎりぎりセーフだと安堵していたのに、アウトの方向になって。

松平●私らにしたら死活問題ですよ。

金原●5000平方メートルで計画している事業が3000平方メートルで押さえられたら、パンクしてしまいますよ。私も相当抵抗したんです。しかし、なかなか手ごわくて、無量寺第二だけはどうにか5000平方メートルで通すのが精いっぱいやった。それも、5000平方メートルは区画整理事業中の暫定措置だと、注釈みたいなところに虫メガネでないと読めんような小さい字で書いてある（笑）

松平●うちはすでに事業が完了しましたから、今は3000平方メートル以下しか認められません。既存施設が撤退した場合も、跡地に建てられるのは3000平方メートル以下の施設です。

金原●恐らく中心市街地の経済界が暴れて出てきた話だとにらんでい

ます。郊外に大型商業施設がどんどんできたら、中心市街地がさびれてしまうというわけや。金沢市内だけ締めても何にもならんのやけどね。京都も同じような指針を設けていますが、人口が140万人以上ありますから、金沢とは規模が全然違う。そんな規制をするのなら、高松から美川くらいのエリアでやらないと意味がないと思います。

松平●商圏で考えれば、当然そうですよね。

金原●野々市市や白山市は区画整理して、大規模な商業施設ができるようにしています。その影響で額団地なんかは完全にやられてますよ。人口が段々減っているし、若い世代がいなくなっています。

稲本●野々市市にある大型店も「金沢本店」とか「金沢南店」とかになっている店舗があります。現在の指針も20年近く経過したので見直しが必要だと思っています。市には「指針は本当に金沢市のためになっているのか。マイナス部分も多いのではないか」と言っているんですが。

まちづくりに格段の差ついた

金原●土地区画整理事業に抵抗していた人たちも、事業が完成したら誰も文句を言わなくなりましたね。

下野●一番反対していた人が、完工式では一番前に堂々と座っている（笑）。こんな不条理なことはないですよ。

金原●田んぼが売れ、地価が上がり、まちの姿も見違えるようになった。やってよかったという証しですよ。

下野●どこも同じだと思いますが、大河端地区も海側環状が開通してガラッと変わりました。聞いてはいましたが、道路1本でこれほどすごい効果があるとは思いませんでした。組合への宅地の問い合わせがすごいので、照会内容をペーパーにまとめて地権者に配ったんです。あれよあれよという間に土地が売れ、宅地ができ、お店ができて、度肝を抜かれましたよ。

金原●田んぼがほとんどなくなって、もはや大河端だと分からんようになりました。

下野●近隣の土地区画整理をやっていない地域とは雲泥の差です。2年ほどしたら海側環状が福久まで延びますので、さらに変わると期待しています。

亀田●田上地域も山側環状（金沢外環状道路山側幹線）ができたおかげで、とんでもなく発展しました。想像以上に変わって、びっくりしました。組合で5億円の借金をしたのですが、カーマやニトリが出店して、財務もいっぺんに楽になりました。

山根●田上第五がちょっとうらやましかったですね。田上本町は山側環状にかかる部分が少なかったので、残念なことに大型店舗の進出がなかったんです。だからお金の面で苦労を強いられた。結果的には立派な住宅街が形成され、やってよかったと思っています。

亀田●地元の小学校も田上小に加えて杜の里小ができました。それで

山根　栄進

金沢市田上本町土地区画整理組合理事長

も田上小は児童が増えていて、プレハブを建てて対応していますが、どうにもならないので、田上本町に新しい小学校ができることになりました。

下野●大河端地区の浅野川小もプレハブ校舎を増築したところです。

西野●直江地区の場合は、鞍月小付近を教育文化ゾーンに位置づけ、小学校と鞍月文化会館の間に1500坪の保留地を設けて、体育館用地として小学校に買っていただきました。体育館の敷地には広い駐車スペースもできて、素晴らしいレイアウトになっています。ゾーニングをめぐって意見の食い違いもありましたが、踏ん張ってよかったと感じています。

稲本●無量寺第二は金沢西部副都心計画のなかで「にぎわい交流拠点ゾーン」という位置づけで設計をして、ピアゴ、コロナワールド、ユニクロなどが出店してくれました。ユニクロは北陸3県のユニクロ店舗でトップの売り上げを記録するなど、おかげさまでにぎわいが創出されています。金沢港クルーズターミナルもできましたので、将来がさらに楽しみです。

金原　博
金沢市土地区画整理組合連合会会長

田村●松村地区は1回目の土地区画整理事業時から「優良宅地」として整備しました。その後、県庁方面への道路や観音堂上辰巳線ができてガラッと変わりましたね。2回目の時は、見る見る住宅が建って、こんなに早く田んぼがなくなるのかとびっくりしました。小学校と中学校も2校ずつに増え、それでも増築を重ねてきています。それだけ若い世代が流入してきているということで、人口も今や県内各町と比べても遜色のない2万8000人ほどに増えました。あらためて現状を眺めると、土地区画整理事業をした地域としなかった地域とでは、まちづくりに格段の差がつきましたね。

稲本●やった地域とやらなかった地域とでは、農協の懐具合も段違いです。

田村●かつて金沢市には33の農協があって、27のJA金沢市と6つのJA金沢中央に分かれたんです。金沢中央はほとんどの地域で区画整理事業を実施したおかげで、旧の6店舗が全部残っています。県内で店舗が1つも減っていない農協は金沢中央だけです。

西野●皆さん、大変な事業をやり遂げられたんだなあと思います。どうにもならん田んぼが立派なまちになったわけですから、偉業と言う

べきでしょう。お互いに敬服し合わんといかんですね（笑）

「言い分聞いて頭下げる」が金原流

金原●それにしても、たくさんの土地区画整理事業にかかわってきたもんだと思います。相談に乗ったり、トラブルを調整したりするために円光寺から三十苅まで足を運びました。大体、憎まれるから、議員はこんな仕事はやらんわいね（笑）

西野●金原さんは土地区画整理事業のエキスパートですからね。そもそも農家の気持ちが分かってらっしゃる。それがベースになっているから、アドバイスが適切です。

稲本●記憶力がまたすごい。人の名前はもちろん、人間関係から各組合の経緯やトラブルまで全部頭に入っています。

下野●数字にも強い。ものすごく強いです。

田村●とんでもない読書家ですしね。ＪＡ金沢中央の組合長を辞められる時、「おまえら好きに読んで」と組合長室にある本を置いていかれたんですが、そんなたくさんの本、わしら読めるわけがない（笑）

西野●虫メガネと望遠鏡の両方を兼ね備えていらっしゃる。「百姓根性」という言葉があるように、農家は秋の収穫で1年間食いつながなきゃいかんと考えるから、杭の位置がちょっとずれただけでいさかいするようなチマチマした気質なんです。そういうなかで、金原さんのような望遠鏡も見られる人が、「将来のためにはこうせんといかんがやぞ」と分かりやすく導いてくれるから説得力がある。やたらトップダウンにこだわる政治家もいらっしゃるが、金原さんは人の融和を大切にされてきたと思います。

金原●それでも、まだ若かった松村の1回目の事業の時は、便宜的に交わした約束事を覆し、渡してあった誓約書を奪い取って、囲炉裏で燃やしてしまうような乱暴なまねもしたんやぞ。高圧的な態度はしないと心に決めていたのですが、地域の将来を思い描けば、勝負どころでは手荒い言動もやむを得なかったんです。

田村●でも、私らがカンカンになっていても、いつも冷静でしたよ。長い付き合いですが、本当に怒ったのは2回しか見ていません。そのうちの1回は、金原さんがJA金沢中央の組合長をしている時で、ガンコに怒鳴りつける声が、組合長室から事務所まで響いてきました。

金原●すごい剣幕で乗り込んできたから逆に叱りつけたら、その人は家に帰ってから熱を出して、頭にタオルを巻いて寝込んだらしい。

松平●私は金原さんの流儀は、「頭を下げて、相手の言い分を聞いてやる」が基本だと思います。「ものい目におうてダラなこと考えとらんと、ちょっと頭下げて、言うこと聞いてやれや」が口ぐせでした。

金原●簡単なことなんです。昔のことを言い出していさかいをしとるだけやから、料理屋でうまいもんを食べていただく、ふかふかの布団でもプレゼントする。涙がこぼれても我慢して、頭を下げる。それで収まります。

稲本●どうにも腹の虫が治まらん時に、金原さんから「人間の考え方が変わるはずがないんやから、頭を下げろ」とよく言われました。

下野●苦しくて心が折れそうになった時は、昔、金原さんから言われた「最後は必ず正義が勝つ」という言葉を思い起こして、気持ちを奮い立たせたものです。

金原●わし、そんな立派なこと言うたかなあ（笑）。まあ、皆さん、命があっただけよかったということにしときましょう（笑）

選挙幹部・座談会

選挙幹部・座談会

私の度重なる選挙で幹部として働いてくれた後援会責任者の6人に集まってもらい、思い出を語ってもらいました。（令和2年4月3日、金原邸にて）

出席者（写真左から、肩書きは当時、元職）

水戸	雅之	金原博後援会金誠会会長
西澤	寛一	金原博後援会新生クラブ会長
沖田	照男	大徳地区後援会会長
本田	善信	二塚地区後援会責任者
中川	孝夫	連合後援会事務局長
髙崎	一郎	金原博秘書

金原●水戸さんのお父さんとワシは旧制金沢第二中学校の同級生や。初めて出た金沢市議会議員選挙に同級生がたくさん来て、校旗を振って校歌を歌ってくれたのを覚えとるわ。金石のお寺の御堂が大変にぎわった。もう3分の2は亡くなったなあ。

水戸●亡くなった父は鞍月校下の連合町会長として金原さんと一緒に区画整理やら県庁移転に汗をかいた。私は父の後を継いで、後援会の中でも若い人が集まった金誠会の会長を十数年やらしてもらいました。

金原●水戸さんは県のボランティア団体の会長も務めとるんやろ。忙しいのにご苦労様や。

西澤●私は新生クラブの会長を15年やってます。最初は350人も会員がおったけど、今はみんな80歳以上になり、会員数も減ったので去年解散しました。みんな選挙ではよう頑張ってくれました。金原さんも元気やし、まだやれると思ったけど、今思えば、ちょうどいい時期に後継に手渡してくれた。金沢港、区画整理、県庁移転と金原さんもよう頑張りました。

金原●粟崎校下連合町会長をしながらこれまで本当にありがとう。今度は金沢市連合町会副会長やろ。ご苦労様やなあ。

沖田●大徳地区には県会議員が2人、市会議員が2人いますが、選挙になってもあんまりギスギスしないんで私らも助かりました。最近は人口も増えて3万人近くなり、昔のように簡単にいかんようになりました。

金原●沖田さんをはじめ、スタッフの皆さんには本当にお世話になった。特に選挙の最終日はいつも20カ所近くの人だまりを作り、選挙カーを分刻みで回してくれた。いかにワシの地元とはいえ、ずば抜けて沢山の人達を集めてくれて、いつも感心していました。

本田●私らは金沢市議の選挙の頃から金原さんを支援しとるんや。当時は私も若かったし、仲間も大勢おったけど、もう土田（征一郎）君と2人だけになった。寂しいわい。
　産業展示館、県立野球場、陸上競技場、いしかわ総合スポーツセンター、健民海浜公園に健民海浜プール。この50年あまりで私らの二塚校下に県営施設がたくさんできた。金原さんに言われて産業展示館4号館の土地をまとめたのを思い出すなあ。
金原●善信よ、ワシが選挙に出たのは37歳やから、あんたは20歳そこそこやろ。マイクで大声を上げていた若い君たちの姿を思い出すよ。あれから53年も経つ。長いつき合いだなあ。
中川●選挙事務所でどんだけ時間を過ごしたことやら。朝から晩まで苦情ばっかりやった。長々と文句を言う電話もありゃ、いきなり怒鳴りつけてくるもんもおった。こっちは怒ることもできんし、まるで修行僧みたいなもんやった。
金原●すまんなあ。近所のよしみでワシも甘えて、あんたに何回も事務局長をしてもろたわい。事務局におるつらさは、ワシも他人の選挙の責任者をたくさんしたからよう分かる。ひどい目に遭わしたなあ。

髙崎●15年近く秘書をやらしてもらいました。いろんなことを勉強しました。たくさんの友人や知人ができて交流が広まり、私の視野も広まりました。人生が豊かになった気がします。

金原●「これで最期や」と言ってから3回も選挙に出たこととか、他人の選挙の責任者を30回もやったのに誰を応援するか事前にひとつも相談しなかったこととか、この男死ぬまでやるんじゃないかと心配していたのに長田（哲也）に譲って良かったとか、心ある苦言を沢山聞けてよかった（笑）

寄稿

わたしと金原さん

■田村 政博さん
■朝倉 忍さん
■髙畠 菊丸さん
■岸本 啓さん
■西野 茂さん
■上村 彌壽男さん
■田中 美絵子さん
■奥田 外世雄さん
■護摩堂 一夫さん
■柴田 未来さん

田村　政博さん

JA金沢中央代表理事組合長
元・金原博連合後援会会長

金原さんとは家が近所で小さいころは田んぼに出ている姿を見ていましたが、自分が社会人になった時期に議員になられ、現在までのご活躍をすぐ近くで見てきました。

当農協の二代前の組合長も兼任され、上司と部下の関係になりました。的確な指示を受けることが多々あり、緻密な一面も体感させていただきました。

功績を述べればきりがありませんが、金沢駅から日本海側の数々の土地区画整理事業に関わり石川県庁移転も成し遂げられ、おかげ様で「駅裏」と言っていた地域が今や県都金沢の顔に変貌しています。

選挙では、数々の大選挙の指揮を執られ、谷本県政生みの親として自他ともに認める石川県議会屈指の政治家であります。最後二回の県議選を連合後援会会長として務めさせていただきましたが、社会人になってから最後までお付き合いさせていただいたことが、私の自己形成に多大な影響を与えていると思っています。

皆さんもご存じのとおり、誰とでも時には金沢弁も交えて気さくに接するその姿勢はずっと変わってないと思います。

県議を退任されてもお元気で、お会いすると必ず「おまえ何しとるんや」と声をかけてくれます。

今後も、健康で益々の活躍をご期待しています。

朝倉 忍さん

元・石川県議
前・JA金沢中央代表理事組合長

金原さんとの出会いは、奥様の実家が私の近所にあり、選挙の時に応援させていただくことになったのがきっかけで、それ以来半世紀近くのお付き合いになります。

私が市会議員に出馬することになったのも、金原さんからの強い要望があったからであり、県議会議員を含めての16年間、金原さんのもとで政治や地域のことを勉強させていただきました。また金沢中央農協では、役員を一緒にさせていただき、金原さんが組合長を勇退された後は私が継ぎ、13年間組合長を務めてまいりましたが、その間いろいろとご指導いただきました。

県や市はもとより、区画整理事業を中心に地域の発展にご尽力された功績は私が言うまでもなく、谷本知事をはじめ誰もが認めるところであります。

金原さんが52年間もの長きにわたって議員生活を送ることができたのは、温厚な人柄と、人のお世話を大切にしながら信頼関係を築いてこられたからではないかと私は思いますし、またそれが政治家の資質だと思います。

この度議員を辞められ、後を長田哲也さんに託されましたが、現在、金沢市として最後になる南新保区画整理事業に汗をかいておられ、私達の㈱アクティブ中央サービスや駅西を中心とした様々な相談役や理事長等をして頑張っておられます。益々お元気に、そして生涯現役でご活躍されることを期待しております。

髙畠 菊丸さん

石川県保護司会会長
大徳校下町会連合会会長
元・金原博連合後援会会長

私が選挙運動に関わったのは、金原先生が県議会議員に立候補した第一回目からです。先生の後援会に入り、当時の青年団仲間と共に青年部組織「金誠会」を作り、金沢市内全域を走り回った事は、遠い昔のなつかしい思い出になりました。告示の日になると、のりを入れたバケツを持って先生のポスターを掲示板にはりに行った事、立合演説会場に立て看板と提灯を入口に設置して回った事、つい先日のように思い出されます。

後半には選挙事務長という大役を私にと、先輩諸氏がいる中にもかかわらず、任せていただいた時は自分でもびっくりしました。まわりの人の中にはまだ早いのではといぶかしがる人もいた様だったと思います。一度はお断りしたのですが、先生は「おまえは何も心配せんでも良い」「わしは選挙のベテランやさかい」と言われ、引き受けるしかなかったと記憶しております。その時はトップ当選を飾る事が出来ました。

その後も先生の連合後援会会長を引き受けることになり、私の人生の大半を金原先生と共に歩むことになりました。選挙結果は常に上位当選が続いていました。それは先生が選挙時期だけでなく、いつも県民に目を向けて、人々の意見に耳を傾けていたからだと思います。「継続は力なり」と言いますが、まさに金原先生は、継続を不動のものとしてきた偉大な政治家だと思います。

岸本 啓さん

元・金原博連合後援会事務局長

凄い市会議員が出てきたなと思いました。昭和42年統一地方選挙、当時小松で春休みを過ごしていた私は、もう少しで県会議員にも届く６１７５票を得た金沢市会議員がいると知り、まだ若い新人がどうしてこのようなことが起こせたのかと金原博さんとその背景に興味を持ちました。

後年仕事の場を金沢へ移す事となり、その会社が金原先生の御自宅の近所と知り、いつかはお話が出来るだろうと思っていました。先生には突然近所に現れた私を嫌な顔もせずいろいろと話を聴いて頂き、本当に懐の深い人なのだなーと心服しました。

その一端が当時未発行だった県のタクシー乗車券の発行です。中小事業者への機会均等の実現を相談したところ快く引き受けて頂き、市内事業者と一緒にその実現に努力した日々を思い出します。

その後先生の後援会のお手伝いをすることとなり、はじめに抱いた疑問が氷解しました。あの凄い得票は金原さんの人柄と地元の方々との深い信頼関係に由来していたのだと分かったのです。後援会では奥田敬和さんはもちろんのこと谷本正憲さん、岩本荘太さん、奥田建さんの初陣に関われたことも思い出の一つです。

現役を引退した今もなお衰えることなく元気で区画整理に活躍されている姿は、国内最高齢の県会議員として活躍した議会の申し子としての面目躍如たるものがあります。

西野　茂さん

(株)西研精機製作所
代表取締役会長
金沢市町会連合会会長

永きに亘る議員活動に、地域振興にと、大変お疲れ様でございました。

議員を勇退されましても、私にとりましては生涯の先生であり、人生の師匠でもあります。今日の立ち位置は、全て先生からの「薫陶」の賜物と言っても過言ではありません。人との交わり方、人との融和、人間形成の神髄まで、多方面にわたり学ばせて頂きました。

私と金原先生との出会いは、半世紀前に遡ります。先生が市議会議員から、県議会議員にくら替えされた時でした。先生が41歳で私が28歳の時であり、初めてお目にかかった時の、あの凄いオーラは、今でも脳裏に焼き付いています。当時はまだまだ若僧であり、心を震撼させられた事を、今でも覚えています。それからは先生の魅力に取り付かれ、一つでも多く学びたい、その一心でまるで先生の腰巾着の様に、お声を掛けて頂いたらラッキーとの思いで、いそいそと着いて行き、共に行動（活動）をさせて頂いたものでした。

あれから50年、「おーい」「おまえ」の間柄で、公私にわたり大変お世話になりました。会社経営は基より、地域活動である消防団・交通安全協会・県市の町会連合会、そして土地区画整理事業と、本当に多方面にご教授とご支援を賜りました。

先生が手掛けられた駅西地域は、石川の副都心と称される街並みとなりました。これからも更に進化しながら発展して参ります。どうぞ後継者達の行く末と、街の変貌を大所高所から眺めて頂き、恙無く余生を楽しくお過ごしください。

上村 彌壽男さん
NPO犀川桜千本の会理事長
元・二塚地区町会連合会会長

金原先生からご厚誼を頂くことになったのは、確か私が平成2年、当地区の町会連合会会長に就任した頃からで、以来既に三十年お世話になっていることになります。顧みて、先生がこの地区に残されたものは数知れず、大きな足跡が印されております。

さて、先生の雄弁を物語るのは、やはり冒頭の訥々とした方言を交えての世相をチクリ、話が佳境に入るにつれて、持論の金原節。その論旨たるや、或人曰く、「一粒万倍の未来を楽しむ篤農家」の如しと。金原節の最後に聴衆を納得させる締めくくりも見事でありました。

私達が関わって来たいくつかの事業に先生の卓越した政治哲学が現れております。

その一つに陳情書を提出してから僅か四年間で完成した古川排水事業があり、第二には、気の遠くなる様な長いスパンで目下進捗中の犀川下流域改修事業（水害防止）があります。先生の金原節がいつの間にか「官」を動かし、政界の同志を得て始動したことは喜ばしい限りであります。

先生には金原節と同様、体内の「豚」の心臓（失礼！）も含めて共々ご健勝で、以て中曽根元総理の如く、大所高所からご指導をお願い申し上げます。

末尾ながら先生の本の発刊を楽しみにして、また心よりお祝い申し上げるものであります。

田中 美絵子さん

金沢市議
元・衆院議員

私と金原先生との出会いは、２００８年石川２区で初めての衆議院選挙に出馬した時のことでした。

「選挙の神様」と呼ばれていた金原先生は、選挙の素人である私に「選挙事務長三十年」と書かれたご著書をくださいました。石川県の歴代の選挙、戦術を先生のご著書を何度も読み返すことで学ばせて頂きました。

当時は金沢から事務所開きにもお越しくださいました。「彼女はぽちゃぽちゃの手をしている。握手をすればみんながファンになる。」そう持ち上げてくださいました。

金原先生から生み出されたこのエピソードは、12年経った現在でも聞こえてくることがあります。

金原先生は決して人の悪口を言わない、その人の良いところを褒める、そしてその良い評判を新幹線よりはやく有権者に広める、そんな技術をお持ちでした。

今でも政治的な局面で、「金原先生だったらどのように立ち振る舞うだろうか」と考えます。

２０１４年の総選挙では金原先生は私の後援会長を引き受けてくださいました。金原先生の選挙戦術に圧倒された記憶が鮮明に残っています。

当選というご恩返しを果たすことが出来ず悔しい思いをしましたが、人生の師である金原先生にいつかご恩返しが出来るようこれからも精進をしてまいります。

奥田 外世雄さん
元・金沢建設業協会会長

振り返ると私ほど先生と選挙を通じて縁が深い人間は少ないのではないかと思います。

昭和51年、今は亡き兄奥田敬和が石川県選出国会議員で、先生は金沢選出の県会議員でした。当時、衆院選石川1区は定数三名のところ五名が立候補しましたが、先生にはこの厳しい選挙の選挙事務長を引き受けて頂き、当選することが出来ました。

兄は連続十回当選し、国会議員生活は二十九年に及びましたが、その間幾多の兄奥田の選挙で事務長を務めて頂きました。

その間、先生と私は参議院選、知事選、市長選と数多くの選挙を戦ってきましたが、その中でも特に思い出に残る選挙は、平成6年の谷本知事当選の選挙戦だと思います。

この知事選は石川県政を左右する選挙であり、また、全国注目の連立与党対自民党の全面対決の戦いでもありました。先生を中心に命懸けで戦い勝利を収めたあの喜びは言葉では言い尽くすことが出来ない程大きなものでした。

先生には選挙戦を通して人生の難しさを色々勉強させて頂きました。私の師でもあり、本当に感謝申し上げます。

万人が認める人柄の先生、まだまだ御元気で石川県政のご意見番としてご活躍下さい。

この文面を思い出の一片とします。

護摩堂 一夫さん

元・浅野川校下町会連合会会長

金原先生との出会いは、私が会社を退いた後であり、現役当時は全くと言って良いほど地域の事には無関心でした。

退職後、町会長・町会連合会会長となった折、金原先生とのお付き合いが始まりました。我が家にお見えになった時、女房が「一夫さん！　金原先生がお見えですよ！」と私に呼び掛けた声を聞いて、先生がおっしゃられた「いいのぉ〜！　一夫さんと呼ばれとるんか！」との一声が、今も懐かしい思い出の一つとして記憶に残っています。

金原先生は、日頃から地域の方々と同じ目線で話をし、話を聞き、威張ることのない温厚な人柄で、今も多くの皆さんに慕われ愛されています。それが長年議員をお務めになられた秘訣と思われます。

地域の事では、かたつ保育園新園舎の用地確保から開園までのご支援、大河端の区画整理事業の完成、大河端から福久までの海側環状線の整備に道筋を付けていただいたことにより、浅野川地区も飛躍的な発展を遂げ、素晴らしい住環境となりました。

この様に、地域の要望に素晴らしいお仕事をされた方だと金原先生を高く評価する一人であります。

そんな経験豊富で行動力のある先生が、議員を勇退された事を惜しむものでありますが、これからも益々、お健やかにご活躍されます事をお祈り致します。

柴田　未来さん
弁護士

「電信柱の影から出てきた濡れた犬にもお辞儀しろ」。これは、２０１６年元旦、参院選立候補を決意した私に、金原先生がかけて下さった言葉です。

犬にですか？　でも、時が経つにつれてその言葉の意味が身に染みてきたのです。

この、お守りのようになった言葉と共に始まった選挙活動でしたが、すぐに畑違いの世界に飛び込んだことを実感しました。1日に16か所～25か所の新年会めぐりが1月の各週末続くのです。今思うと恥ずかしいくらいに気負っていた私が講釈よろしく話し始めると、先生は「そんな難しいこと言ってもわからん」と容赦がありません。初対面の人ばかりに囲まれてヘトヘトの私を尻目に疲れ知らずの先生は当時で85歳。エラそうな言葉よりも、有権者の皆さんとの人間的なふれあいが選挙の原点だと教えて頂いた貴重な体験でした。

この年の3月、私は全国で最後から何番目かに野党統一候補となりました。すると、すぐ先生は二人の県議をつれて「東京に行ってくるわ」とフラッと出かけて行きました。その数日後、私は、志位和夫、小沢一郎両氏と共に金沢駅前で街頭演説をしていたのでした。共産党委員長と元自民党幹事長の全国初の揃い踏みが、最後尾を走っていたはずの石川県で実現するなんて。金原先生のマジックでした。

翌年の衆院選と併せて、先生と一緒に必死に、でも楽しく駆けた2つの選挙。結果はどちらも残念でしたが、学校でのどんな授業よりも人間社会というものを学ぶことができました。

コラム

ひろし語録

石川県議会議員
長田 哲也

天性の雄弁家。30年以上しゃべりで喰ってきた一応プロのアナウンサーから見た義父の特徴でしょうか（笑）

「わしもラジオ番組やっとったんやぞ」

金沢西部の農村地区で生まれ育ち、農業振興に燃えた青年が周りに一目置かれたのもラジオ放送だったと聞きます。農業番組だったらしいです。

「競り合う選挙はお互いが強くなる」

昭和42年4月の金沢市議選。義父金原は同じ大徳校下に議長を経験したベテラン議員がいるにもかかわらず、若者たちから押し出される形で初めて出馬しました。結果、義父は驚くほどの票を集めてトップ当選、いつも下位だったベテラン議員も3位で当選を果たしました。

「長い演説は誰も聞かん」

その後、幾度となく激戦（ほとんどが他人の選挙ですが）を繰り返す中で、長々と演説しても人をひきつけ続けることは難しいと実感。短くインパクトが与えられる言葉を選んでマイクを握ってきたというよりむしろ義父は本能的にそうした言葉が口をついて出ているのだと思います。

私の初めての選挙の際、いざ壇上で挨拶という絶妙のタイミングで「長々しゃべるな！」と檄が飛びました。

「素人ならそこで言葉をのんでしまい次の言葉が出なくなるな」などと考えながら、一言発しようとすると「笑うな！」と再度横から檄が飛びます。

そして自分の番になると「雄弁家というものは1回落選するもんや。◯◯さんも一回落ちた。◯◯も落ちた」というオチで人々の笑いを独占する。

天性の雄弁家ぶりを発揮です。目についたものはすべて演説のネタにする。

吉本芸人にも劣らない頭の回転力を見せつけられました。

「陳情案件はその日に動け」

当選後まずもらったアドバイスです。

「ためたら身動きできなくなる」まさにその言葉通りです。

一つの相談は一か所に話をしてもすぐに解決するものでもなく、ましてや新人議員に神通力があるはずもなく、うまく運ぶかどうかは別にして何か所にもあたったり相談したりと時間を要します。

そんな言葉を聞きながら動いているうちに、いつの間にか県議会議員としての仕事を少しずつですが行っている自分がいました。

「聞いたらすぐ動く」をモットーにこれからも仕事いたします。「お義父さん」「墓場の下から見ておるぞ！」（当選の際に発した最新のひろし語録です）

いつまでも元気にご指導ください。

思い出のアルバム

昭和62年、県議会議長として議長席に座る。発言者は中西陽一知事

自民党時代の選挙ポスター

平成31年3月15日、議会最後の日、未来石川の同志より花を贈られる
＝県議会

平成19年3月16日、新進石川議員会のメンバーと＝ホテル日航金沢

平成21年10月4日、小沢一郎民主党幹事長（当時）を囲んで

谷本知事、上村彌壽男さんらと

平成30年6月10日、小林誠市会議員の真珠の会で
=ANAホリデイイン金沢スカイホテル

二塚地区の女性支持者と=知事室

私の選挙応援に訪れた岩本荘太さんと金原後援会の女性陣

平成23年の県議選当選後、女性支持者と＝選挙事務所

選挙に明けくれた五十年。選挙カーの前で女性スタッフと

三茶屋街の芸妓たちと知事を訪ねる＝知事室

平成26年7月7日、JA金沢中央合併40周年を記念したコンサートで坂本冬美さんと＝金沢歌劇座

平成18年、俳優の藤田まことさんらとともにラウンド＝片山津ゴルフ場

平成20年2月4日、インド行政視察で世界遺産タージ・マハルを訪問

平成26年10月26日、自ら揮毫した無量寺区画整理完工記念碑と

平成11年9月25日、金沢二中100周年記念で48期同窓会メンバーと
＝小立野の旧金沢二中校舎前の記念碑を囲んで

平成23年8月23日、昭和18年卒業大徳小学校同窓会メンバーと
＝1年担任宮本先生宅前

昭和63年11月21日、藍綬褒章を受章し、妻の美津子と記念撮影

平成30年2月、米寿の祝いで家族・親戚と＝自宅にて

平成29年10月1日、妻と最後の家族旅行＝鎌倉にて

平成29年8月9日、一家での箱根旅行＝箱根にて

平成29年8月10日、箱根旅行の後に曾孫らと
＝東京の高島屋にて

後継者

平成31年4月
娘婿の長田哲也君が県議選に初当選しました
＝選挙事務所にて

目を入れたダルマを掲げる

花束を手渡される

当選時スタッフと記念撮影

令和2年2月23日、近所に実家がある炎鵬関と＝ANAクラウンプラザホテル金沢

令和2年2月11日、90歳を祝う会で家族・親戚と＝卯辰山の金沢六角堂

『選挙事務長三十年』
その後

「選挙事務長半世紀」

平成16年に『選挙事務長三十年』を上梓してから16年が過ぎた。この間も平成31年に県議を引退するまで、衆院選、参院選、金沢市長選など、いくつもの選挙で責任者の立場を担ってきた。

昭和47年の衆院選で別川悠紀夫さんの選挙事務長を務めてから、最後となった平成29年の衆院選における田中美絵子君（元衆院議員、現金沢市議）の選対顧問まで、通算すると45年。娘婿の長田哲也君が私の後継として初陣を飾った平成31年4月の県議選まで含めれば47年に及ぶ。この項のタイトルを「選挙事務長半世紀」としたところで、あながちオーバーとは言えまい。

残念ながら、ここ十年ほどは「選挙の神様」ともてはやされた神通力が失せたのか、連戦連敗を余儀なくされた。悔しくないはずがない。しかし、政治の世界から退いた今となれば、よき思い出だ。「三度の飯より選挙が好き」を自任していた通り、勝ち戦だろうが、負け戦だろうが、血沸き肉躍る高揚感に包まれながら全力を注いだ。やり切った満足感もある。

もはや遠慮する必要もなかろう。印象深い選挙を中心に、思い出すままに振り返ってみたい。

「小沢・志位そろい踏み」の快挙

まず平成28年7月の参院選である。無所属新人で弁護士の柴田未来君の選対顧問として、自民党現職で公明党推薦の岡田直樹さん（現内閣官房副長官）に挑んだ。民進党、共産党、社民党、生活の党が全国32の改選1人区で候補を一本化した選挙であり、柴田君もこの枠組みの中で、石川県内の国政選挙初の野党統一候補となった。連合石川の支援も受けたが、結果的には岡田陣営の厚い壁に阻まれ、完敗に終わった。

私が共産党と組んで選挙を戦ったのは、後にも先にもこの時だけだ。だから苦労もしたが、新鮮でもあった。特に印象深いのは、生活の党の小沢一郎代表と共産党の志位和夫委員長を呼んで、全国に先駆けて歴史的なそろい踏みを実現したことである。われながら前代未聞の快挙であり、JR金沢駅前で行われた4党合同街頭演説で、元自民党幹事長と現共産党委員長が演台に並び立って握手を交わす姿は、全国からも大いに注目を集めた。

実は石川県では野党共闘の話がなかなか進まなかった。何回打ち合わせしても、連合石川が「共産党とは組めない」と首を縦に振らない。業を煮やした私は、初めて共産党の秋元邦宏石川県委員長と顔を合わせた席で、「本当に（野党共闘を）やれるのか」と迫った。「連合がいやだと言っても一緒にやる」と言うので、私も覚悟を決め、「わしが責任をもって前へ進める」と伝えた。

作戦を練りながらひらめいたのが、「小沢・志位の共演」だった。これが実現すれば、野党共闘の象徴として強烈なインパクトを与えられるはずだ。後ほど詳しく述べるが、小沢さんとは古くから親しくさせていただいている。あとは志位さんをいかに口説くかだ。

共産党の佐藤正幸県議を呼んで目論見を打ち明けた。

「あんた、志位委員長を引っ張ってこれんか」

「私の一存じゃどうにもなりません。責任者の秋元委員長と相談してほしい」

そこで、秋元委員長、佐藤県議、私が所属する未来石川の吉田修、一川政之両県議と私の5人が集まり、県議会の会派控え室で密かに話し合った。

「志位委員長を呼んでほしい」と要請すると、秋元委員長は腕組みする。「それなら、私らに任せてもらえるか」と投げかけたら、「お任せします」と即答だったので、すぐ動くことにした。

まず小沢さんの事務所にアポイントを入れ、日程が合わなかった石坂修一君（未来石川会長）を除き、吉田君と一川君を連れて上京した。

しかし、小沢さんは「野党共闘の中心は民進党だから、民進党を通じて頼んでほしい」と受けてくれない。すぐに民進党本部を訪ねたが、判断できる責任者が誰もいない。仕方なくとって返し、小沢さんに再面談した。

「民進党ではラチがあきませんので、やはり先生からお願いできませんか」

「そういうことなら、おれから共産党に話をするか」

結果は一川君に伝えてもらうことにして、祈るような気持ちで引きあげた。

『赤旗』の一面を飾る

しかし、なかなか連絡が来ない。やはり無理かもしれんと気をもんでいたところ、新聞記者から「小沢さんが来ますね」と聞かれた。大慌てて一川君に電話したら、「来ることになったと連絡がありました」。

「ボーッとしとらんと、早く連絡せんかい」と怒鳴りたいのをこらえて話を聞けば、5月25日に金沢駅前で4党合同街頭演説会を開き、2人とも日帰りで来県することになったという。わずか3日後である。

翌日、小沢さんの事務所に確認した上で、急きょ、小沢さんが来県した時の恒例になっている歓迎・交流を兼ねた会合を金沢都ホテルでセットし、私の後援会幹部に動員をかけた。急な案内にもかかわらず、当日は80人ほどが出席してくれた。小沢さんは上機嫌で、最後まで会場に残って、出席者との写真撮影にも応じてくれた。

演説会では共産党の組織力を見せつけられた。奥能登からも大勢駆けつけたらしく、聴衆の大半が共産党関係者だった。志位委員長がマイクを握るや、「志位さーん」と黄色い声援が飛び交ったのにも驚いた。

共産党委員長の来県は異例ということで、秋元県委員長らも感激の体だった。あまつさえ、共産党機関紙『赤旗』の一面に、私のコメント入りの記事まで掲載された。それを読んだ友人から電話があり、「あんた、いつから共産党に宗旨替えしたんや」と突っ込まれ、言い訳に汗をかいたものだった。

その後、共産党から柴田君の白山市での演説会に呼ばれたので、わざわざ赤いネクタイを締めていってマイクを握った。

「いがみ合っていた長州と薩摩が一緒になったから、三百年続いた徳川幕府を倒すことができた。野党共闘に踏み込んだ志位委員長の英断は素晴らしい」

大受けだったことは言うまでもない。

ただし、選挙で大敗したこともあり、私の後援者からは反発を食らった。しばらくたってから、面と向かって「あんた、そこまでわしらを引きずり込まんといかんのか」と罵った人もいる。

実際、「柴田支持」に踏み切れなかった私の後援者が少なからずいた。元々が保守系の県議であり、コアな支持層の農業関係者にも共産党にアレルギーのある人が多いから無理もない。野党に与する選挙に携わっていたら、自分の選挙にも間違いなく悪影響を及ぼすだろう。

しかし、そんなことを恐れているようでは何もできない。大体、選挙で誰を推すかを誰にも相談しないのが私の流儀だ。ほとんどの選挙は自分自身の判断で決めてきた。

平成30年10月の後援会会合で県議引退を表明したら、ある支持者から本音をぶつけられた。

「あんな負ける選挙ばかりして、もうついていけんと思っとった。ちょうどいい時期や」

因果応報と言うほかない。

民主躍進の立役者に

私が選対幹部に就いた国政選挙で、最後に勝ったのは平成21年8月の第45回衆院選である。民主党が308議席を獲得、自民党を結党来初めて衆院第1党の座から引きずり下ろし、政権交代を実現させた歴史的な選挙だった。

県内でも、1区で奥田建君が馳浩さんらを、3区で近藤和也君が北村茂男さんらをそれぞれ破り、2区では田中美絵子君が森喜朗元首相にあわやのところまで肉薄した。北信越比例では民主党新人で元自民党参院議員の沓掛哲男さんも当選を果たした。馳さんと北村さんは比例で復活したが、田中君も比例復活し、民主が圧倒したと言っても差し支えないだろう。

新進石川会長だった私は奥田君の選対本部長を務めた。ただ、勝つには勝ったものの、全国的な民主躍進という強烈な追い風が吹いていたにもかかわらず、馳さんとは約8500票差の大接戦だった。奥田君が衆院選に挑むのは5回目だったが、回を重ねるごとに初当選を果たしたころの覇気が薄れてきていたのが気になっていた。陣営の動きも何かモタモタしている感が否めなかった。

そんな中、8月29日の選挙戦最終日に、民主党の小沢一郎代表代行が2区の田中君を応援するため、空路、小松市に駆けつけた。私は後ろ髪を引かれながら奥田君の打ち上げを欠席して、小松空港に出迎えに参じた。顔を合わせるなり、小沢さんに怒られた。

「石川の選挙はどうなっているんだ。金沢はうまくいっとらんじゃないか」

図星だったので冷や汗をかいた。なぜそんなことまで知っているのか。後になって分かったが、秘書を使って各地の情勢をしっかり調べているのである。やはりすごい男である。

この選挙では小沢さんのほかにも、鳩山由紀夫代表、岡田克也幹事長、蓮舫参院議員ら民主党の大物が続々と来県して、応援弁士を務めてくれた。鳩山代表が金沢での「民主党マニフェスト説明会ＩＮ北信越」と、奥田、田中、近藤の３候補合同街頭演説に臨んだのは８月５日だった。

民主党はマニフェストで「コンクリートから人へ」を掲げ、公共工事削減を目玉政策の一つに打ち出していた。自民党県連はそこを逆手にとって、「民主党政権になったら北陸新幹線が来なくなる」とネガティブキャンペーンを展開していた。ところが、鳩山代表は演説の中で、北陸新幹線の話題に全く触れない。

まずいと思った私は、鳩山さんの演説終了後に、とっさに耳打ちした。

「地元で一番関心が高いのは新幹線なんですよ」

すると、ガンバロー三唱後に、鳩山さんが再びマイクを握った。

「民主党が政権を取ったら北陸新幹線が来なくなると自民党はアピールしていますが、そんな話は全くありません。皆さん、ご安心ください」

「宇宙人」などと揶揄されているが、このあたりの機転は、さすがに首相になっただけはある。この一言は金沢の有権者に安心感を与えたはずだ。結果的に大接戦だったので、あのままスルーされていたらどうなっていたか分からない。

新進石川会長の私と幹事長の宇野邦夫さんは、1区に張り付いていたわけではなく、県内全選挙区を回って、民主党候補の陣営を鼓舞した。県政界における主流の座を確固たるものにするチャンスだと考えていたからだ。その甲斐あって沓掛さんも含めて全員当選の立役者となり、新進石川の目論見は大成功だった。北國新聞も「新進が名実共に主流」と報じた。

森さんに約4500差まで迫った2区の田中君は本当に惜しかった。小沢さんも勝てると踏み、森さんにとどめを刺すつもりで乗り込んできたのだと思う。しかし、森さんも必死だった。終盤には続々と大物を投入してきた。確信はないが、最後の最後でその執念に逆転されたのではなかろうか。

森さんは、最初は見くびっていたに違いない。しかし、若くて色気もある女性はあなどれない。私も初めて田中君と握手した時の色っぽい感触に、思わず「あんた、ポチャポチャのいい手をしとるね」と褒めた。あの手で手を握られ、にっこりされたら、男の有権者はイチコロにされても不思議はなく、強力な武器になったと思う。女性候補、恐るべしである。

あえて田舎選んだ小沢代表

小沢一郎さんとは随分昔からご縁をいただいてきた。確か、小沢さんが奥田敬和さんらと自民党を飛び出して、新生党を立ち上げたころが最初の出会いだったのではないか。以来、何度も会食の機会があり、かわいがっていただいていた。私が『選挙事務長三十年』を上梓した時も、本を送ったら、ご祝儀に30万円送ってきた。田中美絵子君の時だけでなく、選挙にも度々、応援に駆け付けている。

平成19年7月の参院選では、第一次安倍内閣が年金記録不備問題などでミソをつけた影響もあり、自民党が大敗した。代わって民主党が躍進し、参院は与野党が逆転した。石川県選挙区は民主党公認の一川保夫さんと、自民党公認の矢田富郎さんの激突となったが、私は一川さんの総合選対本部長として、大接戦の末、わずか4千票余りの差で一川さんを勝利に導いた。

その選挙でも、当時民主党代表だった小沢さんに一川さんの応援を頼んで、了承いただいた。当然、一川さんの地元である小松市の演説会で弁士をしてもらえるものだと思っていたら、何と柳田村でやるという。おっとり刀で駆けつけると、ちゃんと事前に段取りがされていて、田園風景が広がる一角で、ビールケースに乗って演説を始めた。40分以上、熱弁を振るったと思う。聴衆はざっと400人ほど。田舎だからそんなものだろう。

小沢さんの演説を聞きながら、人が集まりにくい田舎をわざわざ選んだ理由を側近に尋ねたら、マスコミ受けを狙ったからだという。

「人がたくさん集まる場所は支持者ばかりだ。だから聴衆の多寡はあまり意味がない。新聞に書いてもらったり、テレビに映してもらったりするのが一番なんだ。波及効果が全然違う」

　田園風景を背景に演説すれば見栄えし、写真や映像が際立つ。そこまで考えて、あえて田舎を選んでいるのである。その日はＮＨＫの取材陣が遅刻して、演説に間に合わなかった。小沢さんはヘリだったか、飛行機だったかを待たせて、ちゃんとＮＨＫのインタビューに応じていたのにも感心した。

　この手は使えると思って、何回目かの谷本知事の選挙の時、「人が集まらなくてもいいから、一回、田んぼの真ん中で演説してみたら」とアドバイスしたことがある。その効用についても力説したが、「そんな場所で演説した知事はいない」と一蹴されてしまった。

　ところが、２、３日後に県政報告なら事前運動にならないことが分かり、片町と武蔵ヶ辻で谷本知事が車の上に乗って演説することが実現したのである。

米国を怒らせた振る舞い

この参院選直後の8月上旬に、地元から県議ら7人を連れて、小沢さんにお礼のあいさつに出向いた。夜の会食の席で、そのころ話題になっていたテロ対策特別措置法（テロ対策特措法）の期限延長問題について尋ねた。

テロ対策特措法は、米国同時多発テロを受けて米英軍を中心に始まった対テロ作戦を支援するためにできた法律である。それを根拠に日本は海上自衛隊の護衛艦と補給艦をインド洋に派遣し、米英軍などの艦艇に燃料や水の補給を行っていた。2年間の時限立法だったので、活動期間延長の法改正が3回行われてきたが、同年11月に4回目の期限切れが迫っていたのである。

「明日、シーファー駐日米大使から期限延長の要請を受けるそうですが、先生、どうするおつもりですか」

「米国の言うことばかり聞いているから日本はなめられているんだよ。バンとやってしまうよ」

本当にそんなことができるのかと半信半疑で翌日のテレビを見ていたら、小沢さんは報道陣の前で、大使に対して明確に「ノー」を突き付けた。有言実行である。結局、安倍首相の辞任で同年9月に誕生した福田康夫内閣は延長ができず、小沢さんの思惑通り期限切れとなった。小沢さんの胆力と眼力に敬服したが、この振る舞いは米国を相当怒らせたのではないかと危惧もした。

その決定打になったと思われるのが、民主党政権誕生後の平成21年12月、幹事長だった小沢さんが、民主党の国会議員143人や500人近い一般参加者を引き連れて訪中した一件である。一川保夫さんや、「小沢ガールズ」の一員だった田中美絵子君も同行したはずだ。胡錦濤国家主席との会談後、小沢さんの強い要望により、随行した国会議員一人一人が胡主席と握手している写真撮影まで行われた。

ここまでハデに「反米親中」を鮮明にしたら、米国がカチンとこないはずがない。果たして、平成22年1月、小沢さんの資金管理団体「陸山会」をめぐる政治資金規正法違反容疑で、東京地検特捜部が小沢さんの秘書3人を起訴した。いったんは嫌疑不十分で不起訴とされた小沢さん自身も、のちに強制起訴された。いわゆる「陸山会事件」である。あくまで推測の域を出ないが、私は米国の圧力が背景にあったのではないかとにらんでいる。

小沢さんは毀誉褒貶の激しい政治家である。しかし、私にとっては恩人の一人であり、今でも並外れた政治家だと思っている。

翻弄された安田・沓掛公認争い

相当古い話になるが、先の『選挙事務長三十年』で書き漏らした、昭和61年の参院選をめぐる大騒動の顛末も記しておきたい。

この選挙では自民党公認候補を、3期務めた現職の安田隆明さんにするか、新人の沓掛哲男さんにするかで大もめにもめた。「安田をやらんなん」と言っていた奥田敬和さんの意を体して、私は安田さんの公認獲得に向け動き回っていた。資金集めは安田さんの親類の秘書がすべて仕切っており、それを使って1万人集会を仕掛けるなど、着々と環境整備も進めていた。

公認争いの真っ最中に、自民党本部がどう考えているかを探ろうと、当時、幹事長だった竹下登さんに面会に行った。仲介してくれたのは地元選出参院議員の嶋崎均さんだ。夫人同士が姉妹であり、竹下さんの義兄にあたる。当時は4期目で、第二次改造中曽根内閣では法務大臣も務めた。

嶋崎さんから「北國新聞の記者が小松空港で見張っているから、飛行機は使うな」とくぎを刺されていたので、夜行列車で上京した。事務所に入る時も「後ろに誰かおらんやろな。早く入れ」と警戒ぶりがすごかったことを鮮明に覚えている。

嶋崎さんに連れられて竹下さんの自宅を訪ね、竹下さんに「沓掛さんは出るのでしょうか」と単刀直入に尋ねた。

「いやー、沓掛君はこないだ顔を見せた時、『柳行李とカバンを携えて寒い所まで行って選挙をするのはいやです』と言っていたぞ」

「では、出ないんですね」

「いやー、選挙を知らない者は、気が変わりやすいからね」

「言語明瞭、意味不明瞭」と評されていた通りのあいまいな言い回しで、結論が判然としない。

「先生、どっちなんですか」

「そうだな、寒い所へ行くのはいやなのかもしれんな」

不出馬だと確信した私は、帰県するや、陣営幹部に「じゃまない、沓掛は出んぞ」と勇んで報告した。

ところが、ほどなく、沓掛さんが出馬意欲満々だと報じられた。寝耳に水とはこのことだ。後で調べたら、私が竹下さんに面会した10日ほど前に、森喜朗さんら自民党の重鎮が4、5人集まって、沓掛さんを公認することが決まっていたらしい。

片や安田さんも降りる気がないから、もめにもめて、最後は清川町のセンチュリープラザで開く自民党県連の選挙対策委員会で結論を出すことになった。話し合いで決着しない場合は投票で決めるという。私は気づいていなかったが、沓掛陣営は決戦投票に備えて、水面下で事前に票を取りまとめていたらしい。党内の選挙だから法律違反などはない。いずれにしろ、選挙になったら負けることに決まっていたのである。

奥田さんは私らに「調整終了後にわしがパッと手を上げたら、投票になったという合図やから、お前らは退場して逃げていけや」と指示していた。その腹積もりで身構えていたところ、当日直前になって、シレッとこう言うではないか。

「金原君、これはだめだよ。投票になって負けるから、退場せんでもええ。負けたらしゃーないわ」

「そんな馬鹿な」と愕然とした。これも後で分かったことだが、奥田さんはとっくに結論を知っていたのである。当初は安田さんを推すつもりだったのは確かだが、金沢商工会議所会頭だった宮太郎さんに反対され、「今回は沓掛」と寝返ったのだという。素知らぬ顔でわれわれには隠していたのだから、人が悪いにもほどがある。

結果は筋書き通りだった。話し合いで調整がつかなかったとして、投票となり、安田さんが負けて、沓掛さんの公認が決まった。

しかし、主戦論が消えたわけではない。もちろん私もあきらめていなかった。世間の同情は安田さんに集まっているから、無所属で沓掛さんと闘っても勝てると踏んでいたからだ。期待を背に、翌朝早くに安田さんを訪ね、口説いた。

「出たら勝てる選挙です。リヤカーを引いていても勝てます。ぜひ出馬してください」

しかし、安田さんはそっけなかった。

「いや、出ない。勝って何になるんだ」

「でかい金を使って1万人集会まで開いておいて、『勝って何になる』はないでしょう」

「わしは大臣までしておるが、公認争いで負けた者に、中央から応援に来ると思うか。誰も来んよ」

「大物政治家など来なくても、勝てると言ってるんです」

「いや、わしが出れば、石川県に混乱が生じる」

どれだけ激しく迫っても、うんと言わない。資金集めは人任せだから、裏方の苦労も心情も理解できない。体面を気にして、なりふり構わず突撃する度胸もない。所詮はそんな人物だったのだろう。

殴りたいほどの衝動に駆られたが、結局あきらめて、金沢ニューグランドホテルに集まっている安田陣営の幹部に、結果を説明した。奥田さんもいたし、瓦力さんもいた。一川保夫さんのお父さんで、自民党県議の重鎮だった保正さんの顔もあった。

詰問の口火を切ったのは奥田さんである。

「なんで安田を降ろしたんや」

これにはまいった。「どいね、あんたがだめやと言うたがいね」と口走りそうになったが、皆がいる前でそんなことは言えない。はらわたが煮えくり返る思いをこらえながら、しおらしく安田さんの言い分を説明した。

もちろん、一川のじいさんに怒られるわ、怒られるわ。金集めに奔走した秘書もカンカンだった。翻弄された揚げ句に、一身に責任を背負わされたあの悔しさは、今も消えていない。しかし、政治の世界からオサラバした今なら、「勝って何になるんだ」と言った安田さん、「なんで安田を降ろしたんや」と言わざるを得なかった奥田さんの心境が分かる気がする。生き馬の目を抜く政界では「だまされた方が悪い」

のであり、その中をくぐってきた人達に比べ、その時の私は地方選挙の小隊長ぐらいでしかなかったのだ。

対照的だった奥田親子

新進石川を共に率いた宇野邦夫さんが、奥田さんを「赤いランプの終列車」と評していた。最後の最後で赤ランプが点いている最終列車に飛び乗って、いつの間にかちゃっかり先頭に座っているという意味だ。言い得て妙である。この参院選の件でも分かるように、奥田さんという人は後出しジャンケンがうまく、人の尻馬に乗って手柄にしてしまうずる賢さは天下一品だった。

その点、息子の奥田建君は欲がないというか、お人好しというか、家老泣かせの若殿だった。民主党政権で奥田君が国土交通副大臣をしていた時、石川県の道路整備予算が20億〜30億円も増えた。私が強く要望していた、海側環状（金沢外環状道路海側幹線）の大河端―福久間約3700メートルの延伸工事にも予算がついた。当時の前田武志国土交通大臣が、奥田敬和さんに世話になっていた関係もあるだろうが、建君の手柄には違いない。私も建君の仲介で前田大臣に陳情に出向いたことがある。

ところが、本人はその手柄話を地元で全くしない。だから、ほとんどの人が知らない。仕方なく、代わりに私が県議会で報告したくらいである。

もどかしさが募って、本人に言った。

「何もしてない国会議員が、『わしがしたんや』とアピールしておるのに、何で黙っとるんや」

「役所に口止めされているから」

「役人はそう言うに決まっとる。そんなもんを真に受ける者がどこにおる。たるいことをしとると、次は落選するぞ」

案の定、平成24年12月の衆院選で馳さんに完敗、比例復活もならず、彼の政治生命は終わった。この選挙では私は選対の主要ポストを外れた。惨敗はそのせいだと言うつもりはない。かわいそうだが本人の力不足ということだろう。

余談だが、ＪＲ金沢駅前の石川県立音楽堂の土地は、奥田敬和さんが県に払い下げた。そのため、県立音楽堂の構想段階で、金沢駅前か、石川護国神社後ろの石引かをめぐって綱引きがあった。奥田さん絡みの立地だと面白くないから、森さんが石引に引っ張ろうとしていたのではないかとも言われていた。

当時、森派の県議だった福村章さんが、森さんの意を受けて、県議会でしきりに金沢駅前反対論をぶち上げていたが、その言い草がふるっていた。

「北陸新幹線が開業したら、金沢駅前は車両の振動で地響きがするし、騒音で音楽ホールの機能を果たせない」

福村さんは口がうまいから、もっともらしく聞こえるが、北陸新幹線が金沢駅を通過することはあり得ないので、地響きも騒音も発生するはずがない。ゆっくりと静かに停車して、ゆっくりと静かに発車する。支障は全くないのである。屁理屈をこねてまで反対した森さん側の執念に、激しかった「森奥戦争」の一端がうかがえるだろう。

余談ついでに、北陸新幹線にまつわる田中角栄元首相と中西陽一元石川県知事の秘話も披露しておこう。あれはいつのことだったか、確か安田隆明さんの選挙応援に田中首相がヘリコプターで来県した時だったと思う。金沢ニューグランドホテルでの会合で、二人が話している声が私の耳に入ってきた。

「馬鹿だなあ、知事。新潟に新幹線が来るから、そこから引っ張れば、金沢にもすぐ新幹線ができるよ。長野回りとは15分しか違わん。すぐにでもやるから、何でうんと言わんのだ」

しかし、中西知事は最後まで同意しなかった。そばで耳をそばだてながら、私は話の意味が理解できなかった。後で調べたら、当時、石川県は長野経由の北回り新幹線建設にしゃかりきになっていたのだった。中西知事は自民党宏池会の宮澤喜一元首相に近かったから、安易に乗れない事情もあったのだろう。

あの時、中西知事が田中首相の誘いに乗っていれば、早々と北陸新幹線が誕生していたかもしれない。随分と遅れてしまったが、上出来の新幹線になったから、かえって良かったような気もするが。

「宇野議長」誕生ならず

振り返れば、新進石川で宇野邦夫さんらと暴れていたころが、一番面白かったかもしれない。新生党が新進党に変わったのを機に、「谷本知事の生みの親」を自任していた私たちも新生石川から新進石川に衣替えした。長らく私が会長で、宇野さんが幹事長だった。会派の県議は少なかったが、参院選で岩本荘太さんや一川保夫さんを当選させたり、衆院選で奥田建君を当選させ、馳浩さんに一泡吹かせたり、もちろん谷本知事の連続当選を支えたりと、飛ぶ鳥を落とす勢いだった。一時は「常勝軍団」ともてはやされ、大所帯の自民党を押しのけて「県政の主流の座」にどかっと座っていた。

しかし、正直、奥田敬和さんが亡くなってからは、仕方ないとは言え、「奥田軍団」と称されたころの野性味が少しずつ薄れていったのも事実である。選挙で勝つこともあったが、負けることも少なくなかった。

それでも、大自民党に戦を仕掛けるのは楽しくてしょうがなかった。私と宇野さん、それに事務総長として裏を一手に仕切る倉元泰信さん。このトリオは最強だった。亡くなった倉元さんは口が固く、私も絶対の信頼を置いていた。宇野さんは頭が切れた。倉元さんが情勢や方向性を示すと、パッと作戦を立案し実行に移す能力はピカイチだった。

宇野さんの唯一とも言うべき弱点は、気性の激しさである。平成24年に新進石川から我々が脱退するころはそれがピークとなっていた。

私に声を荒げることはさすがになかったものの、最初に会派を離脱した米澤賢司君や、今、未来石川の会長に就いている石坂修一君らはボロカスだった。皆、表向きは我慢していた。ただ、米光正次君だけは一度、「何言うとんげちゃ」とすごい剣幕で歯向かい、それからは米光君には怒らなくなった。

山出保前金沢市長の6選を山野之義現市長が阻んだ平成22年の金沢市長選は、私が一歩退いて、宇野さんが山出陣営の選挙を仕切った。「一回わしに選挙させろ」と言うので、任せたのである。その時の言い草が傑作だった。

「あんたは選挙の神様やと自称しとるが、太鼓をたたく神主がおるからこそ、神様はおれれんぞ。いつまでわしに神主をさせとるがや。一生涯、太鼓をたたいとれというんか」

私も負けじと言い返した。

「そりゃそうかもしれんが、神主もいいやろがい。デデン、デン、デンと太鼓たたいとれば金が集まってくるんやから」

新進石川の亀裂が決定的になったのは、平成24年の衆院選で支援した民主党候補が全員落選した後だ。会長の宇野さんに対する反発から、宇野さんを残して7人が離脱し、新谷博範君を除く6人で、川裕一郎君と共に新会派「県政石川」を立ち上げた。

以後、宇野さんと交わることはなかったが、悔いが残るのは、新進石川時代に宇野さんを県議会議長の椅子に座らせることができなかったことだ。実は平成16年7月の参院選で絶好のチャンスがめぐってきた。民主党県連の候補者擁立が難航する中、新進石川は自民党公認の岡田直樹さんの支援に回り、圧勝に導く原動力になった。

なぜ反目していた自民党の岡田さんを支援したのか。自民党県連から「宇野を議長にする」と水面下で約束されたからである。金沢東急ホテルの金茶寮における密談に出席したのは、自民党から北村茂男さんと福村章さん、こっちからは私と宇野さんの4人だった。

「親分（森喜朗さん）から、何をしてもいいから岡田を圧勝させてくれと言われた。『では宇野を議長にする』と言って了解をもらった」

福村さんのその言葉が決め手になり、世間に訝《いぶか》られながら、新進石川は岡田陣営に加わったのである。あれほど敵愾心を燃やしていた森さんが、選挙中は宇野さんにいやに親切で、選挙事務所で「宇野さん、足が痛いがけ？　ここに座んまっし」と声をかけているのにはびっくりした。

ところが、選挙が終わるや、ちゃぶ台返しである。約束はあっけなく反故《ほご》にされ、「宇野議長」は幻に終わった。われわれは見事にだまされたのである。

福村さんに詰め寄ったら、「間違いなく了解をとった」と言い張る。最近になって福村さんに確かめたら、森さんが「宇野がこっちに来なくても勝てた。別に議長にせんでもいい」と言い出したのが真相らしい。福村さんが「もう約束してしもたから」と抵抗したものの、認められなかったという。本当にそうだろうか。

その岡田さんも今では内閣官房副長官だ。大したものである。平成26年の谷本さんが6期目を目指した知事選では、出馬寸前までいったが、出なくてよかったのではないか。あんな背が高くて、やさしい男が、谷本知事を相手にする選挙で、頭を下げて回ったら潰れたはずだ。奥さんだってもたなかったと思う。

実は、その参院選があんなおかしな方向に流れなかったら、奥田建君の奥さんである麻理さんを岡田さんにぶつける腹積もりだった。彼女は頭がいいし、話もうまくて、政治家の資質があるとにらんでいた。奥田君が曲がりなりにも代議士を務められたのも、内助の功が大きかったからだろう。実際、声もかけたのだが、麻理さんが断ってきたので、早々と芽が消えたのはいささか残念だった。

選挙責任者は2回まで

保守系政治家として長く歩みながら、やがて自民党に歯向かうようになり、革新系を応援し、共産党とまで手を握った私が、金沢市議1期、県議12期も務められたのは、ひとえに後援者が見放さずについてきてくれたおかげだ。が、それはそれとして、私なりに後援者を離反させないよう知恵を絞ってきたのも事実である。

例えば、私は自分の選挙責任者を次々に交代させてきた。計13回の選挙を重ねたが、2回以上責任者を務めた者はいない。そのため、引退までに私の選挙責任者を担った者は8人にも及ぶ。

一人に長く選挙を仕切らせていると、力をつけていって、権限も集中することになる。支持層での存在感も増し、油断していると歯向かわれたり、寝首をかかれたりしないとも限らない。

そうしたリスクを抱え込まないために、一人2回までと決めていたのである。当然、恨みを買うこともある。が、2回までなら、それほど深い恨みにはならないので支持層が大きく割れるような事態も避けられる。

並行して後援会組織の若返りも図ってきた。選挙を何回も重ねれば、支持者も齢を重ねていく。第一線を退いて選挙に身が入らなくなる人も出てくるし、お亡くなりになる人もいて、人数自体も減っていく。その分、組織のパワーが衰え、先細りを余儀なくされる。それを見越して、後援会組織を老・壮・青の格好に分けた。反発もあったが、構わずに断行した。結果、長年にわたって後援組織の力が維持されることになった。

選挙の仕切り役に新しい人物を登用し、併せて選挙の実働部隊も若手を主力にすれば、新しい層が応援してくれる。だから、何回選挙をしても票が大きく減ることはない。責任者と組織の新陳代謝を続けてきたことこそ、私が政治生命を長く保ってきた原動力である。

この手法を初めて試みたのは、自民党金沢支部の支部長をしていた時だった。まだ40代だったが、期の古いベテラン市議たちを幹部から一掃して、若手中心の組織にした。幹事長にもまだ2期目の吉田勉さんを据えた。いわばクーデターである。経済界や建設業界から少しずつ寄付金を集めていた資金調達法も、年間1万円の会費制に変え、1300人の特別党友を集めた。こうした改革によって支部の財政の基礎を築き、党員の1万人達成を成し遂げた。その成功体験を自分の後援会組織にも応用したわけだ。

ただし、女性層の改革だけは手をつけられなかった。金沢支部のベテラン幹部たちに、「あんたらいつまでやっとるがかいね。若い人らも入れていかんなんやろ」と交代を迫っても、スクラムを組んで、「いや、私らでないとできません」と頑として聞き入れない。

何度申し入れてもはねつけられたので、カッとなってこう口走った。

「腹巻を外したら何が出てくるか分からんような年になっとるのに、

なんじゃい」

いくら何でもこれはまずかった。猛烈な反発を食らって、危うく自民党金沢支部長を首になりかけた。

私の後援会でも同じだった。新陳代謝を図ろうとしても、結束して阻止される。いかんともしがたく、やがてあきらめた。「泣く子と女性には勝てぬ」。半世紀の政治家人生で見つけた処世訓の一つである。だが、この扱いが難しい女性たちこそ、選挙ではこれほど力強い存在はない。

私の女性後援会は活発で明るい女性が多く、選挙戦ではめっぽう頼もしかった。私をはじめ男性の後援会幹部は気を遣ったものだ。

女性が5人から10人ぐらい集まった「仲良しグループ」が20組ほどあっただろうか。私も2年に1、2度は各グループとカラオケや食事を共にして日頃の労をねぎらってきた。

政治家人生を50年も元気で楽しく歩めたのは、この女性たちがいてこそだ。感謝してもしきれない。

メディアの力恐るべし

宇野さんと袂を分かってからは、落ち目の三度笠だった。新進石川から離脱して、県政石川、未来石川と衣替えしたが、倉元さんも喪《うしな》って、「選挙の神様」も過去の栄光になってしまった。実際、冒頭で触れた通り、国政選挙も金沢市長選も、私が選対にかかわった選挙は連戦連敗だった。

平成27年に未来石川を立ち上げた時、いつまでも旗振りをしていられないからと、石坂修一君に会長を託した。彼も頭は抜群に良いのだが、宇野さんみたいにやんちゃくさいところがないので、どうしても迫力に欠ける。

それでも、惨敗に終わったけれど、平成26年10月の金沢市長選に出馬したのだから、度胸がないわけではない。私は「勝てない」と反対したのだが、「だめでもやらせていただく」と降りなかった。エライなあと感心して選対本部長を務めた。

あの時は、山野之義市長がゴタゴタで任期途中に辞職した後の出直し選挙だった。自民党・公明党推薦で下沢佳充君、民主党・社民党推薦で石坂君、共産党推薦で升きよみ君の四人が出馬した。山野さんの不祥事を受けての選挙だったので、下沢君も石坂君も勝てると思ったのだろう。しかし、3人合わせても山野さんの得票に届かなかった。山野さんへの攻撃があまりに激しかったので、同情票が集まったのだろう。

しかし、惨敗した下沢君と石坂君は、平成27年4月の県議選ではたくさんの票を取った。下沢君はトップ当選だったし、下位当選が定位置だった石坂君も1万票を超えて3位当選を勝ち取った。市長選で市内を駆け回って演説した効果で、新しい支持者を獲得したのだと思う。

選挙なんてメダカが水槽の中をグルグル回っているようなものでは

なかろうか。同じ顔触ればかりで普通に戦っていたら、同じ支持者しか集まらない。そこから飛び抜けようとするなら、何かインパクトのあるアクションを起こさないといけない。大多数の有権者にとっては所詮、他人事なのである。一生懸命応援してくれるコアな支持者は、ひと握りにすぎない。

だから、目立つアクションをした人が強い。それと、小沢一郎さんではないが、何と言ってもマスメディアの力である。これを活用できれば、抜きん出られる。それが如実に示されたのが、平成31年4月に行われた県議選と金沢市議選だった。県議選では私の後継である娘婿の長田哲也君が1万5千票近くの大量得票でトップ当選した。長年、北陸放送のアナウンサーをしていたから、テレビで顔も名前も売れていたおかげにほかなるまい。

金沢市議選では田中美絵子君が、2位にダブルスコア以上の差をつける1万票超えのトップで初当選した。かつて「小沢ガールズ」として名を馳せ、メディアで何かと騒がれたこともあり、顔と知名度で群を抜いていた。おまけに色気だってまだ十分だ。

長田君に嫁いだ愛娘のゆかりも、北陸放送で8年間アナウンサーをしていたのだが、テレビに出だして2、3年経ったある日、私の顔を見た市民から「あんた、ゆかりちゃんのお父さんやね」と言われることがあった。「失礼なこと言うまさんな。あれがわしの娘やろがいね」と答えたが、がっくりきた。

何十年と県議を務めてきた男が、チョコッとテレビに出ていただけの娘より、知られていないのである。この時のショックが引き金になり、「こんなだらくさい仕事は、もうやっておれん」と引退を決意した。

もちろん冗談だが、妻にも先立たれ、いい潮時だったことは間違いない。

最後の質問

政治人生52年
「悔いなし」

政治人生52年「悔いなし」

今期で引退 最後まで「金原節」

最後の代表質問を終え、同僚議員の拍手を受けながら議席に戻る金原氏（中央）＝県議会

今期で引退する金原氏が県議会本会議で登壇するのは、自民党県連幹事長として代表質問に立った1993年以来、26年ぶり。2003年に県庁が現在地に移転してから最初で最後の質問となった。御年89歳。「私の政治人生にはいささかの悔いもない」。万感の表情で金沢市議1期を含む52年間の議員生活を振り返った。

傍聴席には、全国最高齢都道府県議の最後の晴れ舞台を見届けようと、支持者ら約110人が集まった。

「間もなく平成が終わりますが、これが最後の登壇となります」

金原氏は集大成の質問をこう切り出した。特に時間を割いたのは、ライフワークとして取り組んできた文化施策の充実と、金沢港の再整備を含む土地区画整理事業だった。

文化施策のくだりでは、石川の「文化のDNA」が分かる首長として谷本知事、中西陽一前知事、山出保前金沢市長、江川昇元同市長の4人を挙げ、谷本、山出両氏について「文化を守り育て時代に合わせて施策を展開してきた」と高く評価した。

任期中の実現はかなわなかったものの、通称50メートル道路をパリの「シャンゼリゼ通り」のような華やかな街道にする夢を語り、知事には来年の金沢港開港50周年の記念事業で「港内を地元の獅子舞や踊り流しで埋めてほしい」と注文した。

最後の4分間は政治家としての来し方を振り返り、「仕事は楽しんでやるもんだ。他人のためにやるんではない、自分のためにやるんだぞ」との母親の言葉を支えにしてきたことを明かした。後援会や同僚県議、知事、県職員、マスコミに向けては「国政のあおりを食って自民党を出たおかげで、自民党から共産党までたくさんの知人、友人を得た」と感謝の言葉を述べた。

引退後は本を執筆すると宣言したり、途中、「ちょっと飛ばしたわ」と言って原稿を読み直したりと、いつもの人を食ったような「金原節」で議場の笑いを誘った。

「最後に、私の妻にありがとう」と昨年3月に亡くなった妻美津子さんへの思いを述べて降壇すると、傍聴席からはやまない拍手とともに、すすり泣く声が漏れた。

答弁に立った谷本知事は、時折優しい笑顔を見せながら、区画整理事業への尽力をたたえた上で「一言で申し上げられないぐらい公私にわたってお世話になった。長い間、本当にお世話になりました」とねぎらいの言葉を述べた。

本会議後、記者団に後進への助言を聞かれ、「何か一つ専門性を持ってほしい」とエールを送った金原氏。「これで人生、一区切りや」と穏やかな笑みをたたえて議場を去った。

2019年2月23日付　北國新聞朝刊

【最後の質問】

２０１９年2月22日、石川県議会定例会の本会議代表質問が県議会議員としての最後の登壇となりました。質問の全文を掲載します。

本日は傍聴席に多くの方がいらっしゃいます。質問の前にお礼を申し上げます。ありがとうございます。

間もなく平成の時代が終わろうとしていますが、私にとってこれが二十六年ぶりの代表質問であります。そして、議員最後の登壇となります。

それでは、未来石川議員会を代表し質問をいたします。

いよいよあと二カ月と少しで年号も変わり、新しい時代を迎えますので、今後の文化施策をどのように考えているのか、お尋ねします。

本県の文化が時代の変わり目にどのような役割を果たしてきたのかを振り返りますと、外様最大の大名である加賀藩は幕府ににらまれないためにも学問や工芸など文化奨励策を進め、現在の尊経閣文庫につながる膨大な書物や美術工芸品を収集し、また育成し、茶道や能楽などを招き入れ、これが次第に庶民に広まり、現在の本県文化の礎となっていることは言うまでもありません。一方、時代が明治にかわり、加賀藩の時代が終わると、江戸、京都、大阪の三都に次ぐ大都市であった金沢に混乱と困窮が訪れますが、これを救ったのは文化施策でありました。

加賀藩の御細工所の技術は県勧業場が引き継ぐとともに、明治五年と明治七年に美術工芸品の展覧会を兼六園内で開催しました。この流れを受けて県は明治八年、日本で初めてとなる博物館を開設しました。この博物館の図書室が現在の県立図書館の生い立ちであり、また横にはこれまた日本初となる工業高校も開校しました。当時、兼六園での展覧会は大変にぎわったようで、当時の人々にどれほどの希望を与えたのか、想像を超えるものがあったと推測されるのであります。

また、以前も私が議会でお話ししましたが、太平洋戦争の終戦からわずか二カ月で石川の文化人たちは本多町にあった旧海軍の北陸海軍館で第一回の現代美術展を開催しております。戦後六十日の奇跡として全国に石川の文化意識の高さを知らしめ、今も語り継がれているのであります。これで石川の美術振興運動は勢いに乗りまして、翌昭和二十一年の金沢美術工芸専門学校、現代の金沢美大の開校につながりました。そして、現在に至るまで輪島漆芸、九谷焼、山中漆器の研修所の開設や県立美術館や歴史博物館、能楽堂を初めとした兼六園周辺文化ゾーンの整備、県立音楽堂の開設などハード面だけでもさまざまな文化施策を講じてきました。

また、新幹線開業という節目では文化振興条例をつくり、百二十億円という全国最大の文化基金を創設し、ほかにも石川の食文化の魅力発信や芸妓が高みを目指す奨励金制度などを設けて、こうしたことが功を奏し、本県独自の茶屋文化や食文化を目当てにたくさんの観光客にも来てもらっているところであります。

本県の象徴でもあります兼六園周辺も歴史を振り返ると時代とともに主人が変わりました。前田家や家老の土地でありましたが、明治時代は陸軍のものに変わり、戦後は金沢大学を初めとした大学や高校、そして行政の地でしたが、変遷を遂げ、今や何百万人もが訪れる一大文化ゾーンを形成し、さらにオリンピック・パラリンピックまでには軍都の面影も生かした国立工芸館ができ上がります。中身が懸念されましたが、人間国宝などの全作品が移転してきます。そして、松田権六さんの工房までが移設されるということで、満点のできとなっているようであります。

こうして振り返ってみますと、前知事の中西さん、そして今の谷本知事さん、金沢市では江川さんや山出さんも、石川に刻まれ、連綿と受け継がれる文化のＤＮＡをよくわかっておられた。加賀藩の時代から石川の歴史、時代の節目には文化こそが県民の希望や支えとして機能してきました。特に谷本知事さんや前金沢市長の山出さんがお二人ともその文化を守り育て、文化施策を時代に合わせて展開してきたと私は高く評価しております。

時代は新しい年号の時代に変わります。これからは第二の新幹線開業や香港を初め海外からの大交流時代を控えておりまして、一方で伝統工芸や茶屋などの後継問題、さらには本格的な人口減少時代の到来や人手不足など対応すべき課題は山積しているかと思います。こうした中で、我々の周りを見渡しますと、ホテルラッシュによる金沢駅前や南町の変わりよう、また金沢港のクルーズのにぎわいなどは誰が想像できたでしょうか。本県にとって新しい年号の時代はまさしく時代の転換点なのかもしれません。

そこでお伺いしますが、これまで時代の変化に合わせ、うまく文化施策を打ってきた知事ですが、時代の転換点になるやもしれない新しい年号の時代を迎えるに当たり、今後どのように文化施策を展開していくのか、知事の思いをお伺いします。

次に、新しい時代にふさわしい文化施策について一つ提案をしたいと思います。先ほども申し上げましたが、兼六園周辺は藩政期時代のものから新年号になってでき上がる国立工芸館まで各時代の歴史が集積する石川県を代表する緑豊かな文化空間でありまして、何百万人もが訪れる本県を象徴する場所であります。私は先日、きょうの質問のために二日間にわたり県の職員の皆さんの案内で建設中の工芸館、歴史博物館、修復工房、図書館などを見させてもらいました。こんなすばらしい場所はどこへ行っても全国にはありません。

二〇二〇年、国際北陸工芸サミットが本県で開催されますが、美術館や歴博、能楽堂、伝統産業工芸館、修復工房、そして国立工芸館が集積する兼六園周辺はサミットの期間中、まさしく工芸王国石川の聖地として工芸一色になると思われます。石川でこそといった企画や国内外への強力なPRを行い、世界から人を呼べるようなサミットにしてもらいたいと思います。そして、サミットの後のことも考えてもらいたいのであります。サミットの後もこの勢いを兼六園周辺にぜひ残してほしい。

現在、ミュージアムウィークというのを細々とやっているようですが、各施設を点として捉え、独自でイベントをやっていて面として機能しておらず、外国人や県外からも楽しみにして来るようなものになっていないのではないでしょうか。一方で、ラ・フォル・ジュルネを引き継いだ石川独自の楽都音楽祭はすっかりゴールデンウイークの一大イベントとして定着し、昨年も十万人を超える多くの方、特に県外や外国人、クラシックファン以外の方も楽しんでおりますが、まち全体を面として捉えて音楽の祭典をやっているところも成功の大きな要因ではないでしょうか。

このような勢いを兼六園周辺で生み出してもらいたいと思いますが、そのためには金沢市との連携も本当に大事かと思います。でも、当面はやはり県に、知事にしっかりとリードしてもらいたいと思うものであります。そして、こうした文化の勢いを大交流時代を迎えるに当たり、国際北陸工芸サミットを機に各施設が点ではなく面となった一大イベントを見せていただきたいと願うものであります。毎年やらなくても二年や三年に一度でも大きく派手にやってもらいたいのであります。

そこでお伺いしますが、国際北陸工芸サミット後も金沢城公園や本多の森公園といった兼六園周辺の文化ゾーンを中心に県内はもちろん、海外からも県外からも楽しみにして来るような石川オリジナルの一大文化イベントを始めてはどうかと思うのですが、知事の御所見をお聞かせください。

次に、金沢城二の丸御殿についてお伺いします。

私は二月七日、余りの晴天でありましたので、工事中の鼠多門を案内されて見てきました。金沢城玉泉院丸付近から直接尾山神社境内へつながるこの工事を見て、これは金沢城公園へ来る人の流れは大きく変わると思いました。香林坊や長町の武家屋敷を訪れるたくさんの観光客は、尾山神社の神門をくぐり、鼠多門橋を渡って門をくぐり、見事に復元された玉泉院丸庭園に見とれながら金沢城公園に入ってくると思います。鼠多門と橋の完成によって金沢城公園の入場者はまだまだ増えると思います。

私は金沢城・兼六園管理事務所の人に案内されながら、いろいろなことを知りました。前田の殿様が何代にもわたって居城とした金沢城の敷地全部を国から百十二億円で石川県が買い取ったということ、これはもちろん国会議員などの力があったことと思いますが、すばらしいと思います。そして、菱櫓や五十間長屋、河北門、玉泉院丸庭園、鼠多門と鼠多門橋、次々と昔のありのままのものを復元してきたことはすごいと思います。日本にたくさんの城跡があっても、昔の城跡をすっぽり県の所有地として昔のままの建物を復元していく石川県のような取り組みはほかにないと思います。ほかでは城をつくってもコンクリートであったり、敷地内に学校などが存在したりしていますが、金沢城では大学跡地を取得して以来、二十数年余りにわたり、知事の一貫した金沢城の復元整備における本物志向の取り組みは大変すばらしいと思っています。

金沢城は、今では天下第一の名園と言われる兼六園の入園者に迫る年間二百二十万人を超える入園者となっておりました。兼六園だけが目玉であったところへ知事の熱い思いとリーダーシップにより、まさに平成の時代に今の金沢城をよみがえらせたわけであり、百万石の伝統、歴史、文化を将来へとつなげていくためにも知事の言う究極の建物である二の丸御殿にはしっかり取り組んでもらいたいのであります。

最終は二の丸御殿の完成だと思いますが、何百億もかかるのかもわからないものに今すぐ手をかけてくださいとは言えませんけれども、せめて先日、玉川図書館にあると発表されておりました御式台の図、つまり二の丸御殿の玄関だけでも近いうちに手をつけられるよう考えられないものか、知事に頼みたいものです。いかがでしょうか。

次に、金沢港についてお伺いします。

私は平成二十八年十二月の予算委員会で次のような質問をしました。「県庁舎の前を通る五十メートル道路がいつの日か、パリのシャンゼリゼ通りのようになることを私は夢見ているのです。知事の所見をお伺いします」と。これに対して谷本知事は「いやあ、金原君のような夢を私も語りたいと思いますが、知事の場合は夢を語るだけではなしに、それはやっぱり実行しなきゃいけないという責務もございますので、実現可能かどうかということも含めてしっかり対応していかなきゃいかんというふうに思います。すばらしい夢だと、実現すればこんなにすばらしいことはないのではないかと個人的にはそう思う次第でございます」と答弁されました。私には「君、そんなこと無理だよ」と言われているようでありました。ところが最近になってある会合の場で隣り合わせた谷本知事が私に「シャンゼリゼ通りの話、あれまんざらでもないような気がしてきたな」と話されました。「知事、うれしいことを言うな」、まざまざと知事の顔をのぞき込みました。知事、どう思われますか。

コマツが来るまでは釣り堀だとやゆされた金沢港がこんなに変わるとは誰も予想できませんでした。クルーズ船もたくさん来るし、世界一の豪華客船クイーン・エリザベス号も来る。コンテナ貨物も増加し、先日、上屋も完成し、みなと会館や無量寺埠頭は工事中ですが、完成すれば見違えるようになってくる。五十メートル道路を港に直結させる。できれば金沢港に一番深くかかわった対岸の五郎島や粟崎地区にも光を当ててほしい。

現在、夜間は真っ暗な金沢港をすばらしい夜景にし、すごくおしゃれな金沢港へと変貌させるために三十一年度予算にはライトアップの予算が約二億四千万計上されていますが、具体的にどのような工夫を凝らし、金沢港の新たな魅力としていかれるのか、知事のお考えをお聞かせください。

また、来年は金沢港開港五十周年です。それまでに金沢港はどんなふうに変わるのか、港に何を特に期待するか、知事の見解を聞きます。

五十メートル道路の全線開通は、平成九年三月三十日でした。昭和四十五年に事業に着手してから実に二十七年の歳月がかかっています。五十メートル道路開通記念式典で谷本知事は、「金沢駅から金沢港までのこの五十メートル道路は金沢の副都心はおろか、石川県の県都として環日本海時代の中心都市として大きく発展することを期待するものである」と挨拶されました。五十メートル道路の開通に駅西の人たちは本当に喜びました。

港や道路や区画整理事業にしろ、土地の人々にかかわりのない仕事は一つもありません。来年の金沢港開港五十周年記念は豪華でなくとも地元の太鼓や獅子舞、バトントワリングなど、たくさん参加してもらい、五十メートル道路や港内を誰でも参加できる踊り流しで埋めていただきたいと思います。

次に、観光誘客についてお伺いします。

石川県は、金沢には金沢城、兼六園や武家屋敷などに代表される歴史・文化、加賀には温泉地や九谷焼などの伝統工芸、能登には世界農業遺産に認定された里山里海に代表される自然やフグといった魚、豊かな食材など、金沢、加賀、能登それぞれにすばらしい魅力を持っています。今後、二〇二三年春に予定される北陸新幹線の県内全線開業に向けてこうした県内の観光の魅力をさらに磨き上げ、発信していくことで県下全域に観光客の足が向くように県はさらに力を注いでいただきたいと考えますが、知事の見解をお聞きします。

次に、教員多忙化改善と若手教員の育成の問題についてお伺いします。

平成二十九年四月に文部科学省が十年ぶりに実施した教員勤務実態調査の結果を公表し、教員の長時間勤務について「看過できない大変深刻な事態である」との文部科学大臣の発言があり、それ以来、全国的に教員の多忙化が注目を集めるようになってまいりました。本県では昨年取りまとめた取り組み方針に基づいて、今年度より県教育委員会、市町教委、学校現場や関係団体が県下での足並みをそろえて多忙化改善に取り組んでおり、その結果、県教委が実施した調査によると、平成三十年度上半期の時間外勤務については前年度同期より減少しているとお聞きしておりまして、教育委員会の多忙化改善の取り組みについては評価もしているところであります。

こうした現状の中、県教委では実際に現場の教員が多忙化改善に向けての成果や課題をどのように考えているか、あるいは自身の働き方についてどのように感じているかを勤務時間以外の面からも把握、分析し、多忙化改善の取り組みに反映させるために教員を対象とした意識調査を行ったとのことであり、私は先月の議会の委員会において管理職のチェックが入らないよう、現場の教員の生の声が聞けるように配慮してほしいと要望したところであります。

そこでまず、実施した教員の意識調査では学校現場の教員は多忙化改善の取り組みについてどのような認識であったのか、その調査結果の概要をお尋ねしたいと思います。

また、県教育委員会の勤務時間調査によれば教員の中でも特に若手教員の時間外勤務が長くなっていると聞いております。実際、私の身近にも中学の若い女性教員がおりまして毎日頑張っていますが、やはり運動部の部活などで大変な苦労をしております。最初のころ、朝は七時前にうちを出て、夜は十時半過ぎでないと帰れない毎日で、世の中にこんな職場があるのかと本当にびっくりしました。経験が少ない若手教員であっても中堅、ベテラン教員と同様に、担任を含めさまざまな業務を担当する必要があり、技能が向上するまでの一定期間はどうしても勤務時間が長くなってしまうことが原因と言われております。若くてもこんなことを長く続けることは到底不可能であります。病気になります。近年の大量採用によって学校現場では若手教員が増加していると思いますが、技能が向上する前にやる気をなくしたり病気になってしまっては大きな損失であり、学校全体で支援体制をつくっていく必要があると思っております。

そこで、こうした若手教員の育成を図るため、次年度から全ての学校において若手教員早期育成プログラムを実施するということを聞いておりますが、その狙いと具体的な内容をお聞きするとともに、全ての学校で準備が整っているのか、確実に実施できる見通しがあるのか、お尋ねします。

現在の学校現場の多忙な状況を見直さなければ、教員が疲労や心理的負担を蓄積して心身の健康を損ない、子供たちと真摯に向き合うことができなくなり、さらには教員を志望する若い優秀な人材の確保が困難になることで、本県の高い教育水準を維持することができなくなり、本県のみならず日本の将来にとって憂うべき事態となることを大変心配しているところであります。

県教委の多忙化改善の取り組み方針にもありますように、教育の質を落とさずに自分たちの努力だけで時間外勤務の縮減を図るのは難しい問題であり、やはり多忙化の抜本的な解消には教職員定数の改善が必要であることは改めて言うまでもありません。引き続き、抜本的な教職員定数の改善を国に強く求めていただきたい。そして、現場としてできることとして引き続き多忙化改善の取り組みを進め、県教委としてもしっかりした環境整備など多忙化改善の支援を行っていただくことを申し上げて、この質問を終わります。

次に、人口減少問題についてお伺いします。

近年、我が国では少子化により人口減少が進んでいく中、東京一極集中に歯どめがかからず、本県を含む地方においては自然減、社会減の両面から人口減少が大きな課題となっております。人口減少ほど怖いことはありません。

国はこうしたことを背景に平成二十六年にまち・ひと・しごと創生法を成立させ、まち・ひと・しごと創生総合戦略を策定して人口減少の克服に向けた取り組みを進めています。本県においてもこれを受けて、平成二十七年にいしかわ創生総合戦略を策定し、移住、定住の促進などにより本県への人の流れをつくる社会減対策と、結婚や子育ての支援といった自然減対策の両面から全庁を挙げて地方創生に向けた取り組みを進められています。

社会増減については、国が平成二十六年当時、年間十万人となっていた地方から東京圏への人口流出を二〇二〇年までにゼロにする目標を設定したことを踏まえ、本県も転出超過数が平成二十六年に五百八十六人のところ、二〇二〇年に人口流出をゼロにする目標を設定しました。しかしながら、目標設定から四年後の平成三十年の人口移動の状況は東京圏への転入超過数が十三万人を超え、むしろ悪化し、東京一極集中が進んでしまっています。本県でも平成三十年は外国人を含めて千五百二十八人の転出超過となっており、前年と比べて九百人も拡大しました。

本県では平成二十八年にＩＬＡＣ（いしかわ就職・定住総合センター）を設置するなど移住、定住の促進に積極的に取り組んでおり、成果も上げていると思いますが、いかんせん日本全体で東京一極集中に歯どめがかかっておらず、県として目標達成も簡単ではないと思いますが、こうした状況をどう見ているのか、お聞きします。

また、県には引き続き市町と連携しながらさらなる移住者の増加に向けて移住、定住の取り組みを充実してもらいたいのでありますが、今後どのように取り組んでいくのか、お聞きします。

自然増減への対応についても、本県の合計特殊出生率は当面の目標に向けて順調に推移しているようであります。さらに女性の就業率が全国トップクラス、待機児童がゼロといった充実した子育て環境にあります。これは県が積極的に子育て支援に取り組んできたことのあらわれであり、引き続き頑張ってもらいたいと思います。

少子化の背景の一つは結婚しない若者がふえているということでありま す。県ではこれまで、結婚したいが出会いの機会がないという方を対象にいしかわ結婚・子育て支援財団において結婚相談やお見合いを仲介する縁結びｉｓｔに活動いただいており、平成二十九年度の成婚数は過去最多の八十五組、平成十七年度からの累計では七百七十一組となるほど着実に成果を上げています。また昨年、結婚に関する経済的負担を軽減する石川しあわせ婚応援パスポート制度もスタートし、大変好評と聞いております。結婚は個人の価値観にかかわる問題ではありますけれども、結婚を希望する若者の願いをかなえるため、結婚支援の取り組みをさらに進めてもらいたいのでありますが、どのように取り組んでいくのか、お聞きします。

最後に、本県農業の今後の展望についてお伺いします。

基幹的農業従事者の平均年齢が七十歳を超えてくるなど、担い手の高齢化や後継者不足、また耕作放棄地は富山、福井に比べ格段に大きく、さらには米を初めとした農産物の低迷で本県農業・農村は実に厳しい状況にあると言えます。また、農産物の輸入増加、ＴＰＰ・ＥＰＡ発効など安価な農産物の流入は本当に恐ろしい感じがします。こうした中、県はコマツなど、ものづくり企業と連携して水稲やトマトなどの生産コスト削減の取り組みをしていることはすばらしいと思います。

そこで、本県農業の今後に向けてどのような施策を最重要として取り組んでいるのか、お聞きいたします。

以上で私の代表質問を終わりますが、ここらでちょっとしゃべりたいので失礼いたします。

私は金沢市議会議員を四年、県会議員を四十八年、合わせて五十二年間もの長い間、議員をさせていただきました。昭和四十二年、私、最初の金沢市議会議員選挙におどおどしながらの気の小さい男の出発でした。私の父は小学校の先生でしたが、「おまえの人生だ。好きにやればいいさ」と言ってくれました。議員になってすぐに地元の私の村の二十ヘクタールの土地区画整理事業に手を出して本当に激しい反対運動に遭いまして、夜も眠れないで苦しんでいる私に、小学校しか出ていなかった母でしたが、「あんち――私のこと、あんち、仕事というのは楽しんでやるもんだよ。他人のためにやるんではない。自分のためにやるんだ」と言ってくれました。私は見違えるようにたくましくなり、五十二年間の間、議員生活を一度も休むことなく土地区画整理事業をやり続けてきました。その面積は優に兼六園の三十倍に達したと思っております。議員になったからには後世に残ることをしたいという私の夢の一つでもありました。議員をやめて、まだ県立中央病院の後ろの四十ヘクタールもの区画整理事業をやろうとしております。

私を支えてくれましたたくさんの皆さんのおかげで、いつも上位で当選させていただき、自分の選挙を何ら心配することなく、国会議員や知事、市長などの選挙の責任者をさせていただきました。二十七回までは覚えていますが、あとは負けてばっかりいたので覚えておりません。

議員生活の半分は自民党におりまして、議長も幹事長にもさせていただきました。当時、自民党一期でぴんぴんのバッジをつけて出た同期の皆さんは十二名でありました。私だけが今生きております。私の政治生活の半分は……、ちょっと飛ばしたな。

私の議員生活の半分は自民党におりまして、議長も幹事長もさせていただいたんです。あとの半分は国政選挙のあおりを食って自民党を出て、新進石川、それから未来石川と渡り歩きますが、おかげで自民党から共産党までのたくさんの知人、友人を得ることができました。本当によかったと思っています。私はさきに「選挙事務長三十年」という本を書きましたが、もう一冊本を書いてみたいとも思っています。

今、議場を去り、議員を去っていく私ですが、私の政治人生にはいささかの悔いもありません。私を五十二年間も支えてくださいましたたくさんの友人、知人、後援会の皆さん、右だろうと左だろうとおつき合いいただいた県会議員の皆さん、知事初めたくさんの職員やマスコミの皆さんなど、本当にありがとうございました。

最後に、私の妻にありがとう。

終わります。（拍手）

【著者】

金原　博

1930年金沢市生まれ。桜丘高卒。67年金沢市議会議員に初当選。71年石川県議会議員に当選し、12期務めた。87年県議会議長。2019年4月引退。

金原博の「金言」対談

石川県議五十年

発行日　令和2(2020)年7月7日　第1版第1刷

著　者　金原　博

発　行　北國新聞社

〒920-8588

石川県金沢市南町２番１号

TEL 076-260-3587（出版局）

FAX 076-260-3423

ISBN978-4-8330-2210-1